을지문덕

교과서에 나오는 위대한 인물
을지문덕

펴낸날 2008년 3월 25일 1판 1쇄

글 | 박 송

그림 | 조준봉

펴낸이 | 강진균

펴낸곳 | 삼성당

편집주간 | 강유균

교정·교열 및 디자인 | 비짜루

마케팅 책임 | 박경석

마케팅 | 변상섭, 이미숙

온라인 | 문주강

제작 | 강현배

주소 | 서울 강남구 논현동 101-14 삼성당 빌딩 9층

대표 전화 | (02)3443-2681

팩스 | (02)3443-2683

홈페이지 | www.ssdp.co.kr

쇼핑몰 | www.ssdmall.co.kr

등록번호 | 제2-187호(1968년 10월 1일)

ISBN 978-89-14-01650-8 73990

· 이 책은 저작권법에 따라 보호받는 저작물이므로 무단전재와 무단복제를 금지하며,
  이 책 내용의 전부 또는 일부를 이용하려면 반드시 (주)삼성당의 서면 동의를 받아야 합니다.
· 파본은 바꾸어 드립니다.

을지문덕

글·박 송   그림·조준봉

삼성당

펴 / 내 / 며

요즈음 우리 어린이들은 학교 공부와 학원 공부를 병행하면서 틈틈이 책도 읽어야 하고, 친구들과 신나게 뛰어놀기도 해야 한다. 게다가 컴퓨터 게임을 비롯한 각종 오락들이 발달하여 어린이들을 유혹한다.

이렇게 어린이들은 점점 더 하고 싶은 일과 해야 할 일들의 홍수 속에서 살아가고 있다. 그러나 한편으로 어떤 어린이나 마음만 먹으면 책을 접하고 읽을 수 있는 세상이다.

어린 시절에 좋은 책을 가까이 한다는 것의 중요성은 아무리 강조해도 지나치지 않다.

특히 인터넷과 영상 문화가 고도로 발달한 현대는 단편적으로 습득한 얄팍한 지식보다는 사회와 역사를 바르게 보는 눈을 필요로 할 뿐만 아니라 읽고, 쓰고, 생각하는 능력을 점점 더 요구하고 있다.

따라서 오늘날의 어린이들에게는 앞날에 대한 자신의 목표를 세우고 꿈을 키워 갈 수 있도록 이끌어 주는 위인 전기의 의미가 한층 더 중요하다. 위인들의 삶 속에는 큰 뜻을 펼치는 포부와 자라면서 겪어야 했던 시련과

고통, 이를 이겨 내고 빛나는 업적을 이루기까지의 과정이 생생하게 담겨 있기 때문이다.

〈교과서에 나오는 위대한 인물〉은 21세기 문화의 시대를 살아가는 어린이들에게 본보기가 될 수 있는 위인들을 선정하고, 역사적 사실에 기초한 고증으로 내용에 충실을 기했다.

다양한 시각 자료와 본문 내용에 따른 삽화 구성, 내용의 이해를 돕기 위한 학습 도움말과 생생한 컬러 사진, 그리고 역사적 사건과 용어들을 설명해 주는 공부방 등으로 구성하여 어린이들이 쉽고 재미있게 읽을 수 있도록 배려했다.

이 책이 미래 사회의 주인공인 어린이들의 가슴에 지혜와 사랑, 용기와 신념을 심어 주는 길잡이가 될 수 있기를 바란다.

차례

을지문덕 *乙支文德*

어렵게 얻은 아이 8

"예, 제 집사람이 아기를 낳게 되었는데
한 달이 넘도록 계속 진통만 하고 있지 뭡니까.
아기를 낳지 못해 다 죽어 가고 있으니
스님 제발 사람 좀 살려 주십시오."

꿈을 안고 집을 떠나다 32

집을 떠나 다른 곳에 간 적이 한 번도
없었던 문덕은 어머니 품을 떠나기가
안타까웠고, 아버지와 헤어지기도 싫었다.

혼란한 주변 정세 54

이렇듯 을지문덕이 훌륭한 청년으로 자라나고 있는 동안에, 고구려의 남쪽에서는 한창 세력을 키우던 신라가 쳐들어와 죽령 이북의 한강 유역에 있는 열 개의 고을을 차지하였고, 백제 또한 세력을 떨치며 호시 탐탐 기회만 엿보고 있었다.

피로 물든 랴오허 70

수나라의 선봉장 맥철장을 비롯한 수십 명의 장수들과 만여 명의 군사들이 랴오허 강 속으로 곤두박질쳐, 순식간에 강물은 그들이 흘린 피로 물들었다.

우중문을 조롱하다 92

"속고 또 속는 미련한 우중문아!
내호아가 이끄는 너희 수군들이 어떻게
패했는지 아직도 모르느냐?
내가 있는 한 너희는 한 명도
살아 돌아갈 생각을 말아라!"

어렵게 얻은 아이

　한반도가 고구려·신라·백제로 나뉘어 한창 자기 세력을 확장하던 6세기 후반, 고구려의 수도인 평양성에서 그리 멀지 않은 곳에 석다산이라는 험한 산이 있었다.
　그리고 그 산 부근에 있는 돌마을이라는 조그만 마을에 '을지'라는 성을 가진 한 농부가 살고 있었다. 그러나 그들 부부 사이에 자식이 없어 늘 걱정스런 나날을 보내다가 드디어 부인이 아기를 갖게 되었다.

아기는 태어날 달을 넘기고도 다시 한 달이나 지났는데도 진통만 계속될 뿐 어머니 뱃속에서 나오려 하지 않았다.

그러던 어느 날, 농부는 출산을 앞둔 아내의 괴로워하는 모습에 안절부절못하고 마루 끝에 서서 서성대고 있었다.

그때 마침, 열려 있는 사립문 사이로 회색 장삼에 바랑을 진 스님이 지나가는 것이 보였다.

"스님!"

농부는 다급하게 스님을 부르며 뛰어나갔다.

"소승 말입니까?"

스님이 발걸음을 멈추고 돌아서서 물었다.

"예, 스님. 잠깐만 제 말을 들어 주십시오."

"무슨 말씀이신지요?"

"실은 스님께 아주 어려운 부탁이 하나 있습니다. 다 죽어 가는 사람 하나 살려 주십시오. 제발 부탁입니다. 스님!"

"아니, 다 죽어 가는 사람이라뇨?"

"예, 제 집사람이 아기를 낳게 되었는데 한 달이 넘도록 계속 진통만 하고 있지 뭡니까. 아기를 낳지 못해 다 죽어 가고 있으니 스님 제발 사람 좀 살려 주십시오."

"그럼 경사로군요. 소승이 부처님께 축원을 해 드리지요."

"고맙습니다. 스님……."

스님은 사립문 안으로 들어와 집 안을 한 번 둘러보더니, 사립문 밖의 한 모퉁이에 서 있는 버드나무를 향해 걸어갔다.

그러고는 버드나무를 향해 합장을 한 채 공손이 절을 하더니 목탁을 치며 염불*을 외는 것이었다.

염불을 다 끝낸 스님은 농부에게 버드나무 가지를 하나 꺾어 주며 말했다.

"이걸 가지고 방에 들어가서 축원을 계속하시오."

"예예, 알겠습니다."

농부는 버드나무 가지를 받아 들고 황급히 방 안으로 뛰어들어갔다.

농부가 스님이 이른 대로 간절한 마음으로 축원을 계속 하고 있을 때였다.

"응애, 응애."

"아기 울음소리다!"

농부는 아내가 무사히 아기를 낳았다는 안도감과 더구나 아내 옆에서 울어대고 있는 방금 태어난 사내아이를 보며 기쁨을 감추지 못했다.

 농부는 한동안 그대로 서서 기쁜 마음을 억누르고 있다가 갑자기 무엇이 생각난 듯 밖으로 뛰어나왔다.

 농부는 아기의 출생을 축원해 주던 스님에게 아내가 아기를 무사히 낳았다는 소식과 함께 감사의 뜻을 전하고 싶었다.

 농부는 스님이 이미 어디론가 떠나 버린 것은 아닌가 하고 생각했다. 하지만 스님은 다행히 사립문 밖에 서 있었다.

 "스님, 감사합니다. 스님 덕분에 아내가 아이를 무사히 낳았습니다. 사내아이를 말입니다."

 "소승에게 고마워할 것은 전혀 없습니다. 부처님께 감사를

염불
 부처의 모습이나 그 공덕을 생각하면서 부처의 이름을 외는 일. 석가나 다른 부처의 신체를 보는 것은 일반적으로 선정(정신 통일)을 얻는 하나의 수행법이며, 이것으로 마음의 더러움을 털고 깨달음의 지혜를 얻을 수 있다.

염불을 외며 대웅전에 들어가는 스님들

드릴 일이지요. 그럼 소승은 이만 떠나겠습니다. 안녕히 계십시오."

스님도 반가운 듯이 빙긋이 웃으며 말하더니 석다산을 바라보며 발길을 옮겼다.

"앗! 스님, 잠깐만요."

농부는 당황한 표정으로 스님을 불렀다.

"이렇게 그냥 섭섭하게 떠나셔야 되겠습니까?"

"원, 별 말씀을 다하십니다."

"스님, 그러시면 스님이 계시는 곳과 법명이라도 말씀해 주십시오."

"소승은 일정한 거처도 없이 떠돌아다니는 몸입니다. 다만 부르기는 '파야'라고 합니다."

"예, 파야 대사님! 기왕 법명을 말씀해 주신 김에 부탁 한 가지만 더 들어 주십시오."

"무엇이온지요?"

파야 대사는 웃으며 되물었다.

"예, 파야 대사님. 정말 죄송하오나, 이왕이면 아이의 이름을 하나 지어 주셨으면 합니다."

"나 같은 떠돌이 중이 감히 귀한 아기의 이름을 어떻게 지을 수 있겠소."

"그러지 마시고 꼭 하나 지어 주십시오."

농부는 간절히 부탁했다.

그때서야 파야 대사도 더 이상 고집을 부릴 수 없다고 생각했는지 승낙했다.

"정 그러시다면 어디 아기를 한번 봅시다."

파야 대사는 농부와 함께 방으로 들어가서 염불을 외우고 난 뒤에 조심스럽게 아기의 얼굴을 들여다보았다.

파야 대사는 잠시 생각에 잠겼다가 눈을 뜨고서 농부와 그의 아내의 얼굴을 번갈아 보며 말했다.

"문덕이라고 부르는 것이 좋을 듯싶습니다."

"문덕이라고요. 감사합니다, 대사님. 참 좋은 이름입니다."

"예, 이제부터 문덕으로 부르겠습니다."

이들 부부는 파야 대사를 향해 합장을 하며 말했다.

"이 아기는 앞으로 문무를 겸한 인물이 될 것이니 잘 기르도록 하시오."

"네, 명심하겠습니다."

"이 아이가 다섯 살이 되거든 경당에 보내시오."

"예, 잘 알겠습니다. 대사님, 정말 감사합니다."

"자, 그럼 소승은 이만 가 보겠습니다. 나무 아미타불."

"안녕히 가십시오. 나무 아미타불."

문덕의 부모는 파야 대사의 모습이 보이지 않을 때까지 문 밖에 서서 배웅하였다.

문덕은 부모의 따뜻한 보살핌 속에서 무럭무럭 자랐다.

그는 어려서부터 남달리 총명하여 한 가지를 익히면 스스로 열 가지를 익힐 줄 알았다.

문덕이 다섯 살이 되자, 문덕의 부모는 파야 대사가 일러 준 대로 문덕을 경당에 보냈다.

경당은 아이들에게 글과 무예를 가르쳐 주는 곳으로, 문덕은 훈장님이 가르쳐 주는 대로 글자를 한자 한자 익히고 무예도 열심히 연마했다.

그리하여 1년이 지나고 2년이 지나자 문덕의 글재주와 무술 솜씨는 몰라보게 늘어 먼저 배운 아이들보다 앞섰다.

그러던 어느 겨울날, 이날도 문덕은 허리에 칼을 차고 어깨에는 활을 둘러멘 채 집을 나섰다.

사방은 눈으로 덮여 있고 찬바람이 귓전을 스쳤지만, 농사일이 없는 겨울을 헛되이 보내지 않기 위해 하루도 거르지 않고 무예를 닦기에 여념이 없었다.

집을 나선 문덕은 어느 새 산마루까지 올랐다.

그는 언제나처럼 말에서 내리자마자, 칼을 빼들고 울창하게 둘러싸여 있는 아름드리 나무를 목표로 삼아 찌르고 베었다.

그렇게 한참을 정신없이 칼을 휘두르다 보니 문덕의 온몸이 땀으로 흥건히 젖었다. 그래도 그는 쉬지 않고 계속해서 활쏘기·창쓰기·말타기 등을 훈련하였다. 이러한 문덕의 줄기찬 노력으로 그의 무술 실력은 나날이 늘어 갔다. 물론 그에 못지않게 학문 실력도 늘어 갔다.

문덕이 열 살 되던 해의 10월, 어느 날이었다.

이날은 동맹이라는 큰 잔치를 베풀며 시조신에게 제사를 올린 후 곧 이어 동맹 대회가 열렸다.

동맹은 고구려의 젊은이들이 자기의 재주를 마음껏 겨루어 볼 수 있는, 해마다 한 번 있는 기회로, 온 나라 안에서 무예를 닦은 젊은이들이 꼭 나가고 싶어 하는 경기 대회였다.

이 동맹에서 열리는 경기로는 활쏘기, 말타기, 칼을 쓰는 검

술, 창을 쓰는 창술, 씨름 등이 있었다.

이러한 여러 가지 시합 가운데서도 특히, 활쏘기와 말타기는 훌륭한 일꾼이 되기 위해서는 반드시 갖추어야 할 재주였다.

당시 고구려는 남북으로 이웃한 나라들로부터 침략을 당하는 일이 잦았다.

그래서 일단 전쟁이 벌어지면 젊은이는 누구나 나라를 지킬 의무를 지고 전쟁에 참가해야 했기 때문에 더욱 활쏘기와 말타기가 중요했던 때였다.

또한 싸움터에 나가서 적을 무찌르고 큰 공을 세우고 돌아오면 임금님으로부터 큰 벼슬이 내려졌고, 이에 따라 가문의 명성도 높아졌다.

그 때문에 젊은이라면 누구나 많은 훈련을 쌓아 이 동맹 대회에 참가하려 했으며, 이 대회에 나가는 것을 더할 나위 없는 명예로 알았다.

문덕은 겨우 열 살의 나이로 처음 이 대회에 나갔으며 활쏘기와 말타기 등에 참가하기로 했다.

그러나 전국에서 재주가 뛰어난 젊은이들이 참가한 대회니만큼 결과는 어떻게 될지 모를 일이었다.

더구나 대회에 참가한 사람들 대부분은 열일곱 살 정도의 젊은이들이었고, 가장 나이 어린 소년이라 해도 열세 살 정도는 되었다.

대회장에는 구경 나온 많은 사람들로 붐볐으며, 대회에 참가할 선수들도 속속 들어와 커다란 천막 안에 늠름하게 앉아 있었다.

이윽고 중앙에 있는 화려한 천막에 자리를 잡고 있던 임금님이 오른손을 쳐들자 북이 크게 울렸다.

경기의 시작을 알리는 신호였다.

첫 번째 경기는 활쏘기로 50걸음 떨어진 거리에서 화살 세 개를 쏘는 경기였다.

건너편에는 과녁 세 개가 조금씩 사이를 두고 나란히 서 있고, 반대편에는 활을 쏘는 사람이 서야 할 자리가 표시되어 있었다.

"선수들은 나와서 줄을 서시오. 활을 세 번씩 쏘아 성적을 매기는 것이오. 이름을 부르면 여기 표시된 곳에 서시오."

이윽고 첫 번째 선수의 이름이 불렸고 선수는 표시된 자리에 나와 섰다.

고구려인의 패기와 용맹성이 나타나 있는 삼실총 벽화 〈기사도〉

　시험관은 선수의 사는 곳과 이름과 나이를 큰소리로 알리고 나서 물었다.
　"어느 편 과녁을 쏘겠소?"
　"오른쪽 과녁으로 하겠소."
　"준비하시오!"
　이윽고 선수가 활시위에 화살을 메겼다.
　"제 1시요!"
　이는 첫 번째 쏘는 화살이라는 말이다.
　젊은이는 팔에 힘을 불끈 주어 시위를 뒤로 힘껏 당기더니 좀 있다가 팽팽해진 시위를 놓았다.

화살은 '씽' 소리와 함께 바람을 가르며 오른쪽 과녁을 향해 날아갔다.

이윽고 '퍽' 하는 소리가 들리더니, 시험관이 흰 깃발을 들었다. 과녁 한가운데에 맞지 않았다는 신호다.

"제 2시요!"

이번에도 역시 흰 깃발이었다.

"제 3시요!"

세 번째 화살이 꽂히는 소리와 함께 빨간 깃발이 올려졌다.

"명중이오!"

시험관이 임금님 쪽을 향해 큰 소리로 외쳤다.

활쏘기가 끝난 선수는 자리로 돌아가고, 차례를 기다리는 선수들은 자기 이름을 부르면 정해진 자리로 나와서 과녁을 향해 화살 세 개씩을 쏘았다.

시간이 꽤 흘렀다. 대부분의 선수들은 화살을 쏘고 제자리로 돌아갔고, 미처 경기를 하지 않은 선수는 몇 명 남지 않았다.

그때까지 세 개의 화살을 쏘아 과녁 한가운데에 명중시킨 사람은 없었고, 가장 성적이 좋은 사람이 3시 2중일 뿐이었다.

즉 세 번을 쏘아 두 번 명중했다는 뜻이다.

"가화양군 강서현 돌마을에 사는 을지문덕이오! 나이는 올해 열 살이오!"

시험관이 선수를 소개했다.

"아니, 열 살밖에 안 된 소년이……."

"활시위나 제대로 당길 수 있을까?"

"그래도 나이에 비해서 몸집은 크구만."

그 자리에 나와 있던 임금님을 비롯한 모든 사람들이 놀란 표정을 하며 웅성거렸다.

열 살밖에 안 된 소년이 동맹 대회에 나왔다는 것은 그때까지 처음 있는 일이었기 때문에 사람들은 더욱 놀랐다.

문덕은 자신의 이름이 불리자 천천히 앞으로 걸어 나갔다.

걸음걸이부터 다른 젊은이들과 달리 의젓해 보였다.

정해진 자리에 선 문덕은 조금도 당황하거나 두려워하는 빛이 없이 조용히 활에 화살을 메겨 들었다.

소년 문덕은 한참 동안 과녁을 노려보며 겨냥을 했다. 주위의 모든 사람들은 쥐 죽은 듯이 조용히 그를 지켜보고 있었다.

드디어 문덕이 화살을 놓자, 화살은 바람을 가르는 날카로운

소리를 내며 과녁을 향해 날아갔다.
 이윽고 '퍽' 하는 소리가 들리더니, 빨간 깃발이 펄럭거렸다.
 "명중이오!"
 "와!"
 구경하는 사람들의 입에서 감탄하는 소리가 물결처럼 울려 퍼졌다.
 "정말 신궁이군!"
 "맞아! 어른도 과녁까지 쏘아 보내기도 힘든데 겨우 열 살밖에 안 된 소년이……."
 "제 2시요!"
 시험관이 외치는 소리에 술렁거리던 사람들이 물을 끼얹은 듯 조용해졌다.
 바람을 가르며 나는 화살의 '씽' 하는 소리만 들려왔다.
 그리고 '퍽' 소리와 함께 빨간 깃발이 올라갔다.
 "명중이오!"
 구경꾼들은 너무나 놀라 벌린 입을 다물 줄 몰랐다.
 "아니, 저런!"
 "저럴 수가!"

고구려를 건국한 주몽의 무덤. 주몽이란 이름은 활을 잘 쏜다는 뜻을 담고 있다.

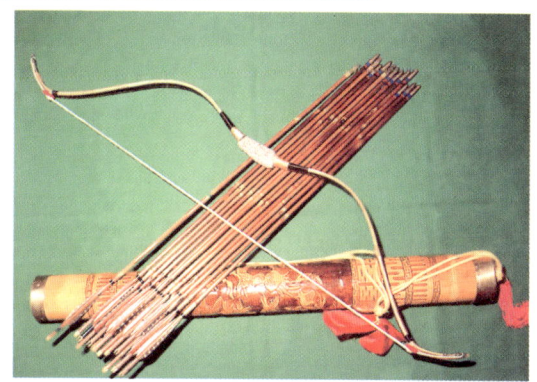

우리 조상들이 즐겨 사용하던 전통적인 활과 화살

"정말 보기 드문 장면이요."

"이번에도 정통일 거야. 저 팔뚝의 힘과 가슴을 보게나. 열 살밖에 안 된 소년이라고는 도저히 믿을 수 없어."

그러는 사이 세 번째 화살이 날아갔다. 이번에도 화살은 어김없이 과녁의 한가운데에 꽂혔다.

"명중이오!"

빨간 깃발이 올라가자 시험관이 큰 소리로 외쳤다.

구경꾼들이 다시 술렁이며 '와' 하고 함성을 질렀다.

경기장 안이 구경꾼들의 함성과 술렁거림으로 온통 시끄럽게 되자, 시험관이 북*을 울리며 장내를 조용하게 정리하기 시작했다.

문덕이 제자리로 돌아가고, 다음 순서의 선수들이 차례로 나왔지만 모두 과녁의 한가운데를 정통으로 맞히지는 못했다.

얼마 후 활쏘기 시합이 끝나고, 시험관은 입상자들을 차례로 불러 세웠다.

학습도움말

북

타악기의 한 가지로 드럼이라고도 한다. 둥근 나무나 쇠붙이 통의 양쪽 아가리에 가죽을 팽팽하게 메워 북방망이로 쳐서 울리게 되어 있다. 북은 동물이나 적을 위협하여 격퇴할 때, 또는 제사나 주술용으로, 신호나 경보의 도구로, 음악 표현을 위한 악기 등으로 사용되어 왔다.

예로부터 여러 가지 용도로 쓰여 온 북

상을 받을 사람들이 임금님 앞으로 나갔다.

임금님은 상을 타러 나온 젊은이들을 둘러보더니, 을지문덕을 불러 그 앞에 따로 세우고 물었다.

"언제부터 활을 배웠느냐?"

"다섯 살 때 경당에 다니면서 익혔사옵니다."

"지금 나이가 열 살이라 했느냐?"

"예, 그렇사옵니다."

"네 꿈이 무엇이냐?"

임금님은 또박또박 대답하는 을지문덕이 사랑스러워 계속해서 물었다.

"이 목숨이 다할 때까지 나라를 지켜 상감마마께 충성을 다하는 일이옵니다."

"오호, 그러하냐? 정말 기특하고 장하도다."

임금님은 을지문덕을 칭찬한 후 입상자들에게 차례차례 상을 주었다.

을지문덕이 한아름 상을 받아 들고 자기 자리로 돌아오자 터져 나온 박수 소리는 그칠 줄을 몰랐다.

활쏘기 대회가 끝나면 오후의 말타기 경기가 열릴 때까지 점심시간으로 되어 있었다.

　점심이 끝나자 사람들은 다시 모여들기 시작했다. 이제부터 있을 무예 시합이 더 볼 만했기 때문이다.

　말타기·창쓰기·칼쓰기 등 어느 것 하나 볼 만하지 않은 것이 없었다.

　"그 문덕이라는 소년이 또 나오겠지?"

　"암, 나오고 말고."

　"이번에는 어떤 솜씨를 보여 줄까?"

　"글쎄, 정말 궁금해지는군."

　구경꾼들은 어린 을지문덕이 보여 줄 솜씨에 큰 기대를 갖고 기다렸다.

　이윽고 임금님이 다시 자리에 앉자, 경기의 시작을 알리는 북소리가 울렸다.

　선수들은 천막 아래 모여 있었다.

　창쓰기와 말타기는 함께 하도록 되어 있었다.

　문덕은 이 시합에서도 많은 박수 갈채를 받았으며, 칼쓰기 시합에서 어느 누구에게도 뒤지지 않았다.

　결국 이 날의 동맹 잔치에서는 열 살밖에 되지 않은 을지문덕이 빛나는 주인공이 되어 모든 영광과 칭찬을 한몸에 받았다.

"아버지, 어머니께서 어려운 집안 형편에도 저를 경당에 보내 글을 배우게 해 주신 덕택입니다."

집에 돌아온 을지문덕은 아버지와 어머니께 감사의 인사를 드렸다.

그리고 경당의 스승님에게도 인사하는 것을 잊지 않았다.

고구려의 건국과 성장

　고구려의 시조인 동명성왕의 이름은 주몽으로, '주몽'은 활을 잘 쏘는 사람이라는 뜻이다. 주몽은 원래 부여에서 태어났으며, 후에 부하들을 이끌고 남쪽으로 내려와 압록강의 지류인 동가강 유역의 졸본에 도읍을 정하고 이곳 토착민들과 힘을 합하여 나라를 세웠다(기원전 37년).

　졸본 지방은 큰 산과 깊은 계곡이 많은 산악 지대로 평야는 찾아보기 힘들었기에 사람들은 산골짜기 따라 흐르는 계곡물을 마시며 살았다. 그런데 비옥한 농토가 없었기 때문에 먹을 것이 늘 부족하여 다른 지역의 식량을 빼앗아 생활하는 약탈 경제가 발달했다. 활을 잘 쏘던 주몽의 영향으로 고구려 건국 세력은 무예를 숭상했고, 쉽게 정복 국가 체제로 바뀔 수 있었다.

　고구려는 유리왕 때 압록강 중류의 국내성(통구 지방)으로 천도하면서 주변의 작은 나라들을 정복하여 평야 지대로 진출하는 데 힘쓰는 한편, 중국의 침략을 물리치면서 발전하였다.

　고구려가 성장하여 중앙 집권 국가로서의 모습을 갖추게 된 것은 태조왕 때부터이다. 이때 고구려는 동해안으로 진출하여 물자가 풍부하고 토지가 비옥한 옥저와 동예를 정복하였으며, 요동 지방으로도 진출을 꾀하였다. 이러한 정복 활동에 힘입어 계루부 출신의 고씨가 왕위를 독점적으로 세습할 정도로 왕권이 강화되었다.

　그 후 고국천왕 때에는 부족적 전통을 가진 5부족을 동, 서, 남, 북, 중의 5부로 바꾸었다. 그리고 왕위 계승도 형제 상속에서 부자 상속으로 바꾸어 왕권을 강화하였다. 4세기 초 미천왕 때에는 남으로 대동강 유역을 확보한 후, 서안평

을 점령하고 낙랑군과 대방군을 정벌하는 등 요동 지역으로 세력을 점차 확대해 나갔다. 그러나 그 후 고구려는 서북쪽의 전연과 남쪽의 백제의 침략을 받으며 국가적 위기를 맞았다.

중국 길림성 집안에 있는 고구려 고분 벽화

　소수림왕은 이러한 상황을 극복하기 위해 불교를 받아들여 이전의 다양한 신앙을 불교 중심으로 통합하고 왕실의 권위를 높이고자 하였다. 이어 태학을 설립하여 인재를 길렀으며, 율령을 반포하여 국가 조직을 새로 정비하였다. 이로써 고구려는 중앙 집권 체제를 더욱 강화하여 새로운 발전 토대를 마련하게 되었다.

　고구려의 법률은 상당히 엄격하였는데 중대한 범죄자가 생기면 부족장 회의인 제가 회의에서 사형을 결정했고, 범죄자의 가족은 노비로 삼았다. 또 주요 풍속으로 신랑이 신부의 아버지인 장인 집에 가서 사는 일종의 데릴사위제가 있었고, 무덤 속에 금, 은 등을 묻는 풍습이 있었다. 또 10월에는 하늘에 제사를 지내는 동맹이라는 제천 행사가 있었다. 고구려 사람들은 무예를 중히 여겨 활쏘기와 말타기를 잘 하였으며 수렵 대회, 씨름 대회 등을 열어 신체를 단련하였다.

꿈을 안고 집을 떠나다

동맹 대회에서 돌아온 지 이삼 일이 지난 어느 맑게 갠 날 아침이었다.

사립문 밖에서 스님이 두드리는 목탁 소리가 들려왔다.

문덕은 얼른 방문을 열고 나갔다.

"어서 오십시오, 대사님."

"오, 그래. 그동안 많이 컸구나."

"네. 어머니, 파야 대사님께서 오셨습니다."

무예를 숭상해 활 쏘기와 말타기를 잘 했던 고구려인

"어서 오십시오, 대사님."

부엌일을 하고 있던 어머니가 급히 마당으로 나오며 파야 대사를 반갑게 맞았다.

"그동안 안녕하셨습니까?"

파야 대사도 합장을 하며 인사했다.

"안으로 드시지요."

어머니가 파야 대사를 방 안으로 모시는 동안, 문덕은 이웃집에 볼일을 보러 간 아버지를 부르러 갔다.

"이번 동맹 대회에서 문덕이 큰 상을 받았다고 해서 찾아왔습니다."

"예, 다 대사님께서 늘 빌어 주신 부처님의 공덕이옵니다."

이때 밖에 일을 보러 나갔던 아버지가 돌아왔다.

"아, 대사님. 오셨습니까?"

"댁의 도령이 상감마마로부터 상까지 탔다는 소식을 들으니, 너무 반가워 이렇게 달려왔습니다."

"고맙습니다, 대사님. 우리 아이와 대사님과는 큰 인연으로 맺어지지 않았습니까?"

"예, 그렇기는 하지요."

문덕의 아버지는 파야 대사를 만나자 그 전부터 생각해 오던 일을 의논하고 싶어졌다.

"우리 아이의 무예가 뛰어나다는 것을 알게 되었으니, 앞으로 이것을 더 키워 나가야 하지 않겠습니까, 대사님."

"그렇고말고요."

파야 대사가 고개를 끄덕이며 대답했다.

"이 일에 대사님께서 힘이 되어 주셨으면 합니다."

"제가 어떻게 말씀입니까?"

"대사님께서는 온 나라 안을 두루 돌아다니시니, 어느 곳에

훌륭한 분이 계신지를 잘 아실 것 같아서요."

"그렇기는 합니다. 실제로 만나 본 분도 있고, 소문을 들어 알고 있는 분도 있지요."

"그래서 제 아이를 이름난 스승님께 맡겨 주셨으면 합니다."

"……."

파야 대사는 얼른 대답하지 않고 고개만 끄덕였다.

"그 일이라면 생각해 보겠습니다."

그 후 문덕의 부모는 파야 대사가 다시 찾아오기를 간절히 기다렸다.

그러나 그 해가 가고, 또 한 해가 다 갈 때까지 아무런 소식이 없었다.

"혹시 병환이라도 나신 게 아닐까?"

"글쎄요, 아니면 멀리 떠나셨을까요?"

어느덧 흰 눈이 녹기 시작한 봄날, 드디어 반가운 소리가 들려왔다.

사립문 밖에서 목탁 소리가 들려온 것이다.

건넌방에서 짚신*을 삼고 있던 아버지가 얼른 문을 열고 툇마루 아래로 내려섰다.

"어서 오십시오, 대사님."

"안녕하십니까, 관세음 보살 나무 아미타불……."

부엌에서 문덕의 어머니도 나왔다.

"어서 들어오시죠."

문덕은 경당에서 아직 돌아오지 않아 집에 없었다.

"오늘은 댁의 도령을 데리러 왔습니다."

파야 스님의 이 말에 문덕의 부모는 기쁘기 그지없었으나, 한편으로는 서운함을 감출 길이 없었다. 아직 열두 살밖에 안 된 어린 아들을 떠나 보내야 하는 안타까움 때문이었다.

"대사님, 정말 감사합니다."

학습 도움말

짚신
볏짚으로 삼은 신의 한 가지. 가는 새끼를 꼬아 날을 삼고, 총과 돌기총으로 올을 삼아서 볏짚으로 엮어 만든다. 이와 똑같은 모양의 삼(마)으로 만든 것을 미투리라고 한다.

여러 가지 짚신

어머니의 가슴은 두근거리기 시작했다.

"아이의 스승님 되실 분은 어디에 계신가요?"

"예, 멀지 않은 곳입니다. 이 마을에서 저 멀리 보이는 석다산에 도사 한 분이 계시지요."

"저 석다산에 말씀인가요?"

"예, 우경 도사라는 분입니다. 그분과 의논했더니, 만나 보고 결정하시겠답니다."

"그분에게 맡기게 되면 얼마나 좋겠습니까? 집에서 멀지도 않고 하니……."

"자주 만나 보시겠다는 뜻입니까?"

파야 대사는 문덕의 어머니의 말을 받아 이렇게 되묻고 나서는 조용히 말했다.

"가까운 데 있거나, 먼 데 있거나 만날 수 없는 것은 마찬가지입니다. 한번 도사님께서 맡으시면 공부를 다 마칠 때까지는 누구도 만날 수 없습니다."

"아, 당연한 일이지요. 한번 맡기고 나면 그 자식은 없는 셈 치고 잊어버려야지요."

문덕의 아버지가 말했다.

"예, 그렇습니다."

"그렇다면 공부가 끝날 때까지……."

"예, 기한은 10년입니다. 그동안 배우는 데 게을리 하면 곧 돌려 보낼 것이고, 장래가 내다보일 만큼 열심히 배우면 어엿한 젊은이로 키워 주실 것입니다."

"10년 후면 스물두 살, 범도 두려워하지 않을 뛰어난 무술과 학문을 익히고 돌아오면 얼마나 기쁘겠습니까."

파야 대사와 문덕의 부모가 이렇게 이야기를 나누고 있을 때, 문덕이 경당에서 돌아왔다.

"다녀왔습니다."

"오, 그래. 어서 들어오너라."

문덕이 파야 대사에게 인사를 하고 자리에 앉자, 문덕의 아버지는 파야 대사가 찾아온 이유에 대해서 문덕에게 말해 주었다.

"문덕아! 사람이란, 더욱이 너 같은 어린아이는 집을 떠나면 여러 가지 참기 어려운 고난과 부딪히게 되어 뜻이 꺾이기 쉽단다. 너는 그런 모든 고생을 이겨 낼 자신이 있느냐?"

"예, 아버지. 저는 어떤 고난이 닥쳐와도 절대로 물러서지 않겠습니다."

이리하여 문덕은 좀 더 훌륭한 스승을 만나 학문과 무술을 닦기 위해 사랑이 지극한 부모님 곁을 떠나게 되었다.

문덕은 괴나리봇짐과 전통을 어깨에 메고 집을 나섰다.

"문덕아, 부디 몸조심해라……."

어머니는 흐느껴 울고 있었다.

"예, 어머니. 걱정하지 마세요."

"그럼 파야 대사님, 안녕히 가십시오. 제 아이를 잘 부탁드립니다."

파야 대사와 문덕은 문덕 부모의 배웅을 받으며 석다산을 향해 걷기 시작했다.

집을 떠나 다른 곳에 간 적이 한 번도 없었던 문덕은 어머니 품을 떠나기가 안타까웠고, 아버지와 헤어지기도 싫었다.

그러나 자신의 큰 꿈을 이루겠다는 굳은 마음을 품고 길을 떠났다.

파야 대사와 문덕은 발걸음을 쉬지 않고 계속 걸었으나, 석다산 입구에 이르자 어느덧 날이 저물었다.

"문덕아, 날이 저물었으니 저기 보이는 저 절에서 하룻밤 묵자꾸나."

"예, 대사님."

파야 대사와 문덕은 '가섭사'라는 절에서 하룻밤을 묵고, 다음날 아침 일찍 일어났다.

아침밥을 다 먹고 나자, 파야 대사는 문덕을 앞에 앉혀 놓고 한동안 바라보다가 이렇게 말하는 것이었다.

"이 석다산은 옛날부터 신령한 산으로 알려져 왔다. 그것은 선인과 도사들이 산을 지켜 오셨기 때문이다. 네가 스승으로 맞이 할 어른은 우경 도사이시다. 지난번에 그 어른을 만나 말씀드렸더니 너 혼자서 찾아오도록 하라고 하셨다. 그러니 너는 우경 도사를 찾아 홀로 떠나도록 해라."

"어디로 가야 하옵니까?"

"어디로라니?"

"길의 방향 말씀이옵니다."

"그 어른은 커다란 바위굴 속에서 사신다. 그러니 굴을 샅샅이 뒤지다 보면 만나게 될 거다."

"예, 알겠사옵니다."

"곧 떠나도록 하여라."

"예."

"갈 길은 서두를수록 좋다. 어서 떠나거라."

"예, 대사님. 지금 떠나겠사옵니다."

열두 살밖에 안 된 어린 문덕은 파야 대사에게 작별 인사를 하고 가섭사의 문을 나서자, 웬지 눈물이 자꾸 흘러내렸다.

그러나 이를 악물고 단단히 결심을 하면서 산을 향해 발걸음을 내디뎠다.

바위가 비죽비죽 솟아 있는 산, 흙보다도 돌이 더 많다고 해서 돌이 많은 산이라는 뜻의 식다산이었다.

어디를 보나 바위요, 그 많은 바위마다 굴이 있었다.

그런데 어느 굴에서 우경 도사를 찾는단 말인가?

문덕은 굴을 찾아 하루 종일 산을 더듬었다. 이 굴 속에 들어가 보고, 저 굴 속에도 들어가 보았으나 우경 도사는 어디에도 없었다.

점심때가 지나고 저녁때가 가까웠지만 문덕은 우경 도사가 있는 굴을 찾지 못한 채, 지친 몸으로 어느 널따란 바위 위에 누워 잠시 쉬기로 했다.

멍하니 하늘을 응시한 채 집 생각을 하던 문덕은 그만 밀려오는 잠에 빠지고 말았다.

얼마나 지났을까?

문덕이 잠에서 깨어나 보니, 그곳은 자기가 누웠던 바위 위가 아닌 어떤 굴 속이었다.

그리고 앞에는 머리와 수염이 새하얀 노인 한 분이 점잖게 미소를 머금고 문덕을 내려다보고 있는 것이었다.

문덕은 깜짝 놀라 벌떡 일어났다.

"저는 석다산 밑의 돌마을에서 온 을지문덕이라 하옵니다."

"그래, 네가 을지문덕이란 말이지?"

"예, 도사님."

"파야 대사에게서 네 이야기를 잘 들었다. 무예로 이름이 났다고?"

"경당에서 활쏘기와 말타기를 약간 익혔을 뿐입니다."

"허허……. 그래 장차 무슨 일을 하려는고?"

"예, 나라의 훌륭한 일꾼이 되려고 하옵니다."

"어허허허, 어린 나이에 하는 소리가 맹랑하구나. 나라를 위해 일하고 싶다고?"

"예, 그러하옵니다."

흰 수염을 어루만지던 우경 도사는 잠시 문덕의 총명하게 빛나는 두 눈을 지그시 들여다보았다.

"도사님, 부디 저에게 가르침을 베풀어 주십시오!"

"네 생각이 곧고, 나라를 생각하는 마음이 갸륵하니 내 비록 미약하나마 힘껏 가르쳐 주마."

"감사하옵니다."

문덕은 다시 한 번 우경 도사에게 큰절을 했다.

"자, 날 따라오너라."

우경 도사는 긴 막대 하나를 문덕에게 주고 나서 굴 밖으로 나갔다.

문덕이 뒤따라서 굴 밖으로 나와 뒤를 돌아가 보니 거기에는 넓은 마당이 있었다.

"자, 내게 덤벼들어라. 그 막대기가 바로 검이니라."

"예, 도사님."

이렇게 을지문덕의 공부는 시작되었다. 문덕은 새벽이면 동이 채 트기도 전에 하늘의 별을 보고 일어나 밤이 늦도록 공부에 열중했다.

문덕의 스승인 우경은 고구려에서도 몇 명 안 되는 유명한 도사였다. 그는 신선의 도를 아는 사람으로, 무예뿐만 아니라 학문에도 뛰어났다.

병사가 적과의 싸움에서 이길 수 있는 지혜인 병법, 천문학과 지리, 시*와 글, 그리고 불교의 가르침에도 통달한 분이었다.

그러므로 문덕은 최고로 훌륭한 스승 밑에서 무엇 하나 부족한 것 없을 만큼 충분히 배울 수가 있었다.

우경 도사는 글과 무예를 가르치는 데 있어서 늘 근본 정신에 중점을 두고 가르쳤다.

어느 날, 우경 도사는 문덕에게 싸움터에 나가 병사를 거느리고 적과 싸우는 장수로서 반드시 갖추어야 할 다섯 가지 덕성에 대해서 가르쳤다.

학습도움말

시
사람이 마음에 느낀 감동을 리듬을 가진 예술적인 말로 나타낸 문학의 한 갈래. 곧 시란 사람이 느끼는 기쁨·슬픔·괴로움 등을 운율이 있게 말을 다듬어 나타내는 글이다. 시는 문학 가운데서 가장 오래 되었으며 문학 형식으로는 고대 그리스에서 서사시·극시·서정시의 3대 형식으로 완성되었다.

김소월 시비

다섯 가지 덕성이란 용기와 지혜, 어짊과 믿음, 그리고 충성을 일컫는 것이다.

즉 장수는 무엇보다도 용감해야 하나 아울러 지혜로움이 갖추어져야 한다는 것이다. 그래야만 비로소 그 용기가 사는 것이다. 지혜를 갖추지 못한 용기란 남에게 이로움을 주지 못할 뿐만 아니라 함부로 날뛰어 자기 자신을 망치는 것이다.

용기와 지혜를 가진 장수는 적을 무찌르고 승기를 얻을 수 있지만 그것만으로는 부족하다. 곧 어진 마음이 더불어 있어야 하는 것이다.

어진 마음이 없는 장수는 적을 물리쳤다 해도 진정한 승리가 되지 못하고, 그것은 한낱 무서운 힘에 지나지 않는 것이다.

그러므로 어진 사람은 그가 지닌 용기와 지혜를 모든 사람의 행복을 위해 쓸 줄 알아야 한다는 것이다.

다음에 믿음이란 마음의 곧음을 말하는 것으로서 거짓을 물리치고 양심대로 행하여 남을 속이지 않는 것을 말한다.

제 아무리 뛰어난 재주와 용기를 지닌 사람이라 하더라도 성품이 곧지 못하면 나라에 유익하게 쓰이지 못하니, 장수가 되려면 반드시 믿음을 갖추어야 한다는 것을 가르쳐 주었다.

또한 용기, 지혜, 어짊, 믿음을 다 갖춘 장수라도 자신의 모든 것을 나라와 임금을 위해 충성으로 보답해야 함을 잊어서는 안 된다고 가르쳤던 것이다.

문덕이 우경 도사의 밑에서 공부를 한 지도 벌써 3년이 다 되었다. 그동안 문덕은 소년티에서 벗어나 매우 건장한 청년으로 변해 있었다.

그러나 문덕은 여전히 배울 것이 많았으며, 스승의 가르침 또한 하루하루 새로워졌다.

우경 도사는 장수가 될 사람이 반드시 갖추어야 할 다섯 가지 덕성에 이어서 마땅히 삼가야 할 열 가지를 가르쳐 주었다.

앞에서 말했던 다섯 가지 덕을 몸에 익힌 장수라 하더라도 사람이기 때문에 잘못이 있을 수 있는데, 그 중에서도 특히 열 가지의 잘못을 저지르지 않아야 한다는 것이다.

첫째, 생명을 가볍에 여기는 일
둘째, 마음을 조급하게 가지는 일
셋째, 재물에 욕심을 부리는 일
넷째, 남의 허물을 용서하지 아니하는 일

다섯째, 비겁하여 용기를 두려워하는 일

여섯째, 믿음이 약하여 남을 의심하는 일

일곱째, 남을 사랑할 줄 모르는 일

여덟째, 마음이 풀어져 게으른 일

아홉째, 확실한 주장이 없이 이랬다 저랬다 하는 일

열째, 남을 함부로 부려먹는 일

문덕은 이 열 가지를 마음 깊이 새겨 자기의 행실에 그릇됨이 없도록 애썼다.

또한 잠깐이라도 마음을 흐트려 그동안 쌓아 온 수련을 그르치는 일이 없도록 스스로의 행실을 돌이켜보고 반성하기를 게을리 하지 않았다.

해를 더할수록 우경 도사의 학문과 무예에 대한 가르침은 점점 깊어만 갔다.

을지문덕이 석다산에 온 지 어언 10년째가 된 어느 날 아침이었다.

"문덕아, 잠시 들어오너라."

"예, 스승님."

"거기 앉거라."

"예, 스승님."

"문덕아! 그동안 잘 참고 열심히 했다. 이제 배울 만큼 배웠으니, 그만 산을 내려가거라."

"스승님, 저는 아직 부족한 점이 많습니다."

우경 도사는 웃는 얼굴로 말했다.

"아니다. 너는 이제 무인으로서 부끄럽지 않을 만큼 수련이 되었다."

"스승님, 이 은혜를 어찌……."

문덕은 우경 도사에게 무엇으로 어떻게 은혜를 갚아야 할지 몰랐다.

"네가 어엿한 장수가 되어 고구려를 지키는 데 앞장서서 충성을 다하는 것이 바로 나에게 보답하는 길이니라."

"예, 명심하겠사옵니다."

을지문덕은 우경 도사에게 하직 인사를 올리고 석다산을 내려왔다.

공부방

고구려의 정치 제도

고구려에는 소노부·계루부·절노부·순노부·관노부라는 5부족이 있었는데 이 5부족의 귀족들이 최고 지배층을 이루었으며, 이들이 왕과 연합하여 정치를 주도하였다.

처음에는 소노부에서 왕이 나왔으나 세력이 약해지면서 계루부의 고씨가 왕위 계승권을 독점하였으며, 절노부에서는 왕비를 배출하였다.

고구려는 2세기 후반에 이르러 중앙 집권화와 왕권 강화로 크게 발전하게 되었다.

고국천왕은 자신의 근거지를 중심으로 주변 부족이 사는 지역을 동부·서부·남부·북부로 개편했으며, 왕위 계승도 형제 상속에서 부자 상속으로 바꾸었다.

그리하여 부족은 독립적인 특성을 잃고 국왕의 직접적인 지배를 받는 지방의 한 부분으로 바뀌게 되었다.

왕은 특히 중앙 집권을 강화하기 위해 지방 부족장을 서울로 올라오게 하여 이들에게 벼슬을 주고 중앙 귀족으로 편입시켰다.

중앙의 정치는 대대로를 비롯하여 10여 등급의 관리들이 나누어 맡았다. 수상의 위치에 있는 대대로는 귀족들이 선출하였고, 귀족 대표자 회의인 제가 회의에서 나라의 중요한 일을 의논하여 결정하였다.

행정 구역은 수도와 전국을 각각 5부로 나누었으며, 각지에 성을 쌓아 외적의 침입에 대비하였다. 지방 장관인 욕살은 중앙에서 파견하였는데, 행정과 군사를 함께 맡았다.

광개토 대왕의 업적

광개토 대왕은 강화된 국력으로 신라와 밀접한 관계를 맺고 영토를 크게 넓혀 고구려의 전성 시대를 열었다. 그의 업적은 만주 집안에 남아 있는 광개토 대왕릉비에 기록되어 있다.

영토 확장에 힘쓴 광개토 대왕 민족 기록화

광개토 대왕은 먼저 4만의 군사로 백제를 공격하여 임진강 일대를 차지한 후, 북쪽의 거란을 원정하여 많은 촌락을 파괴하고 가축을 빼앗았다.

이는 후연을 공격하기에 앞서 그 배후인 거란을 차단하기 위해서였다. 그리고 백제를 다시 공격하여 여러 성을 함락하고 한강을 건너 백제의 수도에 육박하였다. 그러자 백제의 아신왕이 이에 굴복하여 고구려의 신하가 될 것을 맹세함으로써 고구려는 한강 이북의 땅을 모두 점령하였다.

또 백제가 왜를 끌어들여 신라를 공격하자, 5만의 군사를 보내어 낙동강 유역에서 왜를 물리쳤다.

남쪽의 후한을 제거한 고구려는 서북쪽의 후연을 공략하여 오랜 숙원이던 요동 지방을 포함한 만주 대부분의 땅을 차지하였다. 그리고 그 여세를 몰아 동북쪽의 부여와 동쪽의 말갈을 굴복시켰다.

이리하여 광개토 대왕은 만주와 한반도 북부를 아우르는 대제국을 건설하였다.

혼란한 주변 정세

　이렇듯 을지문덕이 훌륭한 청년으로 자라나고 있는 동안에, 고구려의 남쪽에서는 한창 세력을 키우던 신라가 쳐들어와 죽령 이북의 한강 유역에 있는 열 개의 고을을 차지하였고, 백제 또한 세력을 떨치며 호시탐탐 기회만 엿보고 있었다.

　한편, 북쪽의 중국 대륙에서는 북주의 장수인 양견(뒤에 수 문제)이 제각기 세력 다툼을 벌이던 5호 16국을 정벌하여 중국 대륙을 한 나라로 통일하고 581년 수나라를 세웠다.

그 후, 수나라 임금인 문제는 더욱 욕심을 내어 날로 번영해 가는 고구려를 억누르고, 끝내 집어삼키려 속셈을 드러냈다.

이에 고구려의 평원왕은 근심스러운 표정을 지으며 여러 대신들을 불러 놓고 회의를 했다.

"과인이 듣자 하니 대륙의 수나라가 천하는 통일하였다는데 우리 나라에는 무슨 영향이 없겠소?"

"수나라가 비록 천하를 통일했다고 하나, 우리 고구려에는 아무 염려가 없을 줄 아옵니다. 과히 심려 마시옵소서."

한 대신이 앞으로 나서며 말했다.

그러나 평원왕은 안심이 안 되는지 다른 대신들을 향해 다시 물었다.

"수나라가 진나라를 침략할 때 넘어갔다는 장강(양쯔 강)과 우리와의 국경인 요하(랴오허 강)의 폭을 서로 비교하면 어떠하오?"

"그것은 비교가 안 되는 줄로 아옵니다. 장강은 물 건너편이 보이지도 않는, 바다같이 넓은 강이옵니다. 요하는 거기에 비하면 작은 개울에 불과한 줄로 아옵니다."

"음……. 그렇다면 큰일이구려. 대륙에서는 호시탐탐 우리를

칠 기회만을 노리고 있으니, 이에 대비하여 군비를 더욱 튼튼히 해야겠소. 더군다나 남쪽에서는 신라와 백제도 가끔 국경을 침범하고 있지 않소?"

"예, 백제와 신라가 국경을 침범하는 것은 아이들 장난 같은 것이오나, 수나라의 동정은 예의주시하며 대처해야 할 줄로 아옵니다."

"알겠소. 즉시 군사들을 훈련시키고 군량도 확보하시오."

그러던 590년, 수나라는 사신을 보내 고구려를 정탐하였다. 그러나 고구려에서는 그들의 의도를 미리 알아채고 사신을 따로 연금시켜 정탐을 할 수 없도록 하였다.

그러자 이 사실을 안 수나라의 문제는 다시 고구려에 국서를 보내어 고구려의 태도를 나무랐으나, 이 사건은 더 이상 확대되지 않았다.

평원왕은 그해 10월에 세상을 떠났다. 그리고 뒤를 이어 그의 아들이 왕위를 이으니, 그가 바로 고구려 제26대 영양왕이었다.

영양왕은 부왕이 받은 수 문제의 편지에 몹시 분해하였다. 그러나 아직은 고구려의 힘이 미약함을 누구보다도 잘 알고 있었기 때문에 참을 수밖에 없었다.

이에 영양왕*은 수나라에 대항하기 위해서는 우선 나라의 힘을 길러야겠다고 생각하고, 전국에 숨어 있는 유능한 젊은이들을 조정으로 불러들였다.

바로 이때, 석다산에서 집으로 돌아온 을지문덕은 그동안 배운 것을 세상에 펼쳐 보이려고 무과 시험을 기다리고 있었다.

영양왕은 군비를 강화하기 위해 전국에 숨어 있는 인재를 발굴하기 위한 무과 시험 실시를 전국에 알렸다.

을지문덕은 바로 이 무과 시험에서 장원으로 급제하여, 장차 이 나라를 지킬 장수가 될 첫발을 내디뎠다.

을지문덕은 지방의 작은 성을 방어하는 성주로 임명되어 나라와 고을 백성을 위하여 열심히 노력했다.

또한 그는 우경 도사로부터 배운 무술을 바탕으로 군사들을 철저히 훈련시켰으며, 여러 번의 외적의 침입에 한 번도 패한 일이 없이 모두 물리쳤다.

그 후 을지문덕은 훌륭한 지휘 능력과 전술을 인정받아 지방의 큰 성주로 임명되었다.

한편, 오랫동안에 걸쳐 군비를 강화하는 데 힘써 온 고구려는 598년(영양왕 9년)에 왕이 직접 말갈의 기병 1만여 명을 이끌고 랴오허 강의 서쪽인 요서 지방으로 쳐들어가 수나라의 유성을 포위하였다.

또한 병만 원수 강이식에게 5만의 고구려 정예 병사를 주어 린화이관(임유관)을 치게 하였고, 거란인들을 설득하여 산둥 지방을 치게 하는 등 3면 공격을 감행했다.

이에 수나라 문제는 크게 노하여, 즉시 넷째 아들 양경과 왕세적, 주나후 등의 장수에게 육군과 수군 30만 명을 주어 고구려의 육지와 바다를 동시에 공격하도록 했다.

양경이 이끄는 수나라의 30만 대군은 기세 등등하게 장안을 떠나 린화이관으로 향했다. 얼마 후, 린화이관에 도착한 수나

학습 도움말

영양왕(?~618)
고구려 제26대 왕. 이름은 원 또는 내원이다. 왕위에 오르자 수나라의 침략을 미리 막기 위하여 수나라와 화친을 꾀하다가, 598년에 말갈의 군사를 이끌고 요서를 공격했다. 이에 수나라 문제가 30만 대군으로 고구려에 쳐들어오자 이를 물리쳤다. 600년에는 이문진에게 『신집』 5권을 만들게 하였다.

평남 남포에 있는 고구려 시대의 황룡 산성

라의 대군은 진영을 설치하고 곧 싸움을 걸어 왔다.

그러나 린화이관을 미리 빼앗은 고구려의 장수 강이식은 성문을 굳게 닫고 그들을 상대하지도 않았다.

며칠 동안이나 아무리 싸움을 걸어도 상대하지 않는 고구려군을 바라보는 수나라의 양경은 초조하기 이를 데가 없었다.

그들은 급히 출전하였기 때문에 군사들의 군량도 충분하지 못하였고, 더구나 6월의 장마철로 접어들어 군사들의 피로는 극에 달했다.

결국 양경이 이끄는 수나라의 30만 대군은 며칠을 더 버티다가 그대로 철수하는 수밖에 없었다.

수나라 군사들이 회군하여 요수의 지류인 치수에 거의 다다를 무렵, 린화이관을 지키던 고구려 군사들은 성문을 열고 급히 추격하여 그들의 뒤쪽을 급습하였다.

갑작스런 기습을 받은 수나라의 30만 대군은 어쩔 줄 모르고 갈팡질팡하며, 고구려 군사들이 쏘아대는 화살에 하나둘씩 쓰러져 갔다.

양경은 사기가 떨어진 수나라의 군사들을 이끌고는 고구려군과 대적할 수 없음을 깨닫고, 빨리 치수를 건너도록 독촉했다.

고구려 기사와 여인을 그린 쌍영총 벽화(왼쪽)와, 수 양제가 건설한 대운하. 항저우 근교(오른쪽)

이윽고 수나라 군사들이 고구려군의 공격을 피해 허리쯤 차는 치수의 물속으로 뛰어들어 도망가기 시작했다.

"쏴라! 적들이 도망친다!"

얼마 후 치수의 강물은 수나라 군사들이 흘린 피로 시뻘겋게 물들었고, 물을 따라 떠내려가는 그들의 시체가 강을 가득 메웠다.

이 싸움에서 수나라군의 30만 대군이 거의 전멸당하고, 겨우 3만여 명만 살아 돌아갔다.

한편, 주나후가 거느린 수군도 황해를 건너다가 태풍을 만나

배와 함께 거의 모두 물속에 빠져 죽고 말았다.

그 후 수나라의 문제는 고구려의 힘을 몹시 두려워하게 되었고, 다시는 서로 출병치 말고 평화롭게 잘 지내자고 사신을 보내 왔다.

이에 고구려에서도 답례하는 사신을 보냄으로써 그 후 약 10년간은 서로 무역을 하는 등 평화롭게 지냈다.

한편, 을지문덕은 그 사이에도 계속되는 남쪽과 북쪽의 외적 침입에 고구려 군사들을 이끌고 참전하여 커다란 승리를 거두었다.

그럴 때마다 그의 무관으로서의 벼슬은 자꾸 올라갔고, 큰 공을 세운 을지문덕의 이름은 마침내 온 나라에 널리 알려졌다.

한편, 대륙의 정세는 또다시 바뀌었다. 수나라를 건국하여 중국 대륙을 통일하였던 수 문제가 병으로 자리에 눕자, 평소부터 호시탐탐 왕위를 노리던 그의 둘째 아들 양광은 아비지인 문제를 죽이고, 형과 조카들마저 모두 죽인 후, 자기 스스로 왕위에 오르니 이가 곧 수 양제이다.

그는 성격이 매우 포악하였고, 호전적이었으며, 사치는 극에 달하였다.

또한, 양제는 나랏일도 제 마음대로 처리했다. 그는 예전의 황제들이 쓰던 것과 같은 화려한 궁전을 다시 짓기 위해 수도를 장안에서 뤄양(낙양)으로 옮기고, 전국 각지의 부자들을 뤄양으로 옮겨와 살도록 했다.

그리고 2백만 명의 백성을 동원하여 화려한 궁전과 정원을 만들었으며, 다른 1백만 명을 또다시 동원하여 뤄양에서 장저우에 이르는 대운하를 만들게 하였다.

이 운하는 자신이 뱃놀이를 즐기기 위한 목적도 있었으나, 또 다른 목적은 그의 호전적인 야심을 채우기 위해 전쟁 물자의 수송을 원활히 하기 위한 뜻도 있었다.

이런 여러 가지의 대역사를 마친 양제는 드디어 611년에 고구려를 공격하라는 조서를 내렸다.

전국의 모든 군사들을 이듬해 정월까지 탁군(지금의 직혜성 치현)에 모이게 하는 한편, 유주 총관 원홍사를 동래(지금의 산둥성 등주)로 보내어 병선 300여 척을 만들게 하였다.

또한 백성들에게는 밤낮으로 쉬지 않고 군량을 나르도록 하였으며, 무기를 만들고, 갑옷도 만들도록 하였다.

동래의 배 만드는 곳에서는 관리들의 감독과 통제가 얼마나

심했는지, 일꾼들은 제대로 쉬지도 못하고 물속 작업을 했기 때문에 허리 아래로는 구더기가 생겨서 엄청나게 많은 사람이 죽어 갔다.

또한, 요서 지방으로 군량을 운반하는 사람들은 피로와 질병으로 죽는 이들이 많았고, 힘든 일을 견디지 못한 일부 백성들은 산으로 들어가 도적의 무리가 되기도 하여 백성들 사이에서는 '요동에 가서 헛되이 죽지 마라.' 라는 민요까지 크게 유행하였다.

이러한 백성들의 원성에도 불구하고, 양제의 호전적인 침략의 야욕은 감행되었다.

드디어 612년(영양왕 23년), 수 양제는 스스로 모든 군사를 편성하고 진군 명령을 내렸다.

이때 출전한 군사의 수효는 무려 113만 3천 8백 명에 이르렀고, 군수품을 나르는 보조 군사는 2배가 되었다니, 실로 중국의 역사 이래 일찍이 없었던 엄청난 대군의 출동이었다.

수 양제는 이렇게 많은 군사를 좌우군에 각각 12군씩 나누어 24군을 두었고, 자신이 거느리는 어영군은 따로 6군으로 나누어 하루에 1군씩 출발시키니, 출발하는 데에만 무려 40일이 걸렸다 한다.

 또한, 각 군의 앞뒤가 이어진 군사들의 전체 행렬은 자그마치 1천 40리에 이르렀고, 북 소리는 온 천지를 뒤흔들고도 남음이 있을 정도였다.

 이러한 수나라의 대군은 바다와 육지를 통한 두 방면으로 나누어졌다.

 또한, 육군은 수 양제가 이끄는 어영군과 사령관 우중문과 참모 우문술이 이끄는 두 부대로 나뉘어, 어영군은 요동의 고구려 성을 치기로 하고, 나머지 군사들은 랴오허 강을 건너 평양성으로 진격하도록 하였다.

 한편, 수군 대장 내호아와 부장 주법상이 이끄는 수만의 수군은 산둥 성의 등주에서 출발하여 황해를 건너 대동강으로 들어가 육군과 합세하여 평양성을 포위 공격하기로 하였다.

 이러한 모든 치밀한 계획과 준비 끝에 그들의 대군이 랴오허 강에 도달한 것은 그해 3월이었다.

삼국의 대외 관계와 상호 경쟁

　삼국이 고대 왕국으로 발전하면서 서로 다투던 시기는 중국이 후한 이후 삼국 시대, 위·진·남북조 시대의 분열기를 거쳐 수·당의 통일에 이르는 시기였다. 이러한 중국 세력의 변동은 이들과 외교 관계를 맺고 있던 삼국의 세력 관계에 큰 영향을 미쳤으므로 이때의 삼국 관계는 중국 세력의 성쇠와 밀접한 관계를 가지고 전개되었다.

　초기에 고구려는 전진과 수교하였다.

　북중국의 전진은 전연을 멸망시키고 나서 남쪽의 동진과 대항하기 위해 고구려와 친하게 지내려 했다. 그리하여 고구려는 서쪽으로는 전진, 남쪽으로는 신라와 연맹하여 백제에 압력을 가하였다.

　한편, 백제는 주로 남중국과 교류하여 처음에는 동진과 수교하고, 그 뒤에 일어난 송, 제, 양 등과 교류하였다. 또한 백제는 신라의 배후를 위협하고 있던 바다 건너 왜와도 긴밀한 관계를 유지하고, 이를 바탕으로 왜군을 한반도에 끌어들여 삼국 항쟁에 이용하기도 하였다. 이렇게 초기의 한반도를 둘러싼 동북 아시아 세력은 북중국, 고구려, 신라를 연결하는 남북 진영 대 남중국, 백제, 왜를 연결하는 동서 진영의 대립의 형태를 이루었다.

　그러나 신라의 진흥왕이 서서히 한강 유역을 차지한 이래 이러한 관계에 변화가 일어났다. 신라 진출에 두려움을 느낀 고구려와 백제는 서로 손을 잡고 신라에 압박을 가하였고, 압박을 받던 신라는 마침 중국 대륙을 통일한 수·당과 손잡고 이에 대항하였다.

　그 후 동북 아시아의 세력 관계는 고구려, 백제, 왜를 연결하는 진영 대 중국

대륙과 신라를 연결하는 진영의 대립 형태를 이루었다.

특히 삼국의 중국에 대한 관계는 다음과 같은 특징을 가지고 전개되었다.

첫째, 삼국은 모두 정복을 위한 팽창 정책을 펴, 중국에 대해서도 종종 공격을 감행하였다.

장수왕이 여러 성을 공략하여 개척한 후에 세운 기념비인 충북 충주의 중원 고구려비

둘째, 중국의 내부적 분열과 대립을 적절하게 이용하여 그들의 압력을 견제하고, 북방의 유목 민족이나 왜 등도 외교적으로 이용하였다. 셋째, 국가의 발전을 위해 중국 문화의 섭취에는 개방적이었다.

삼국간의 항쟁은 이와 같은 국제 관계 속에서 전개되었는데, 이를 대개 다음과 같은 세 시기로 나누어 볼 수 있다.

제1기는 북중국과 우호 관계를 맺은 고구려가 소수림왕 때 국력을 정비하여 광개토 대왕, 장수왕, 문자명왕 때까지 삼국 항쟁의 주도권을 쥐고 있던 시기로 대체로 5세기경이다.

제2기는 가장 뒤떨어지던 신라가 법흥왕, 진흥왕 때를 거치면서 국토를 넓히고 한강 유역에 진출하는 6세기의 약 100년간에 걸친 시기다.

제3기는 신라가 처음으로 중국의 수와, 다음에는 다시 당나라와 연결하여 백제와 고구려를 멸망시키고, 삼국을 다시 통일하기까지의 시기로, 대체로 7세기 말이다.

피로 물든 랴오허

 수 양제가 친히 1백만의 대군을 이끌고 침입해 온다는 소식은 곧 고구려 조정에도 전해졌다.
 이에 영양왕은 급히 여러 대신들을 불러 모으고 어전 회의를 열었다.
 그러나 수나라 침략군의 규모가 뜻밖에도 엄청난 데에 놀란 여러 대신들은 한동안 어안이 벙벙하여 아무 말도 못 한 채 머리를 숙이고 있었다.

얼마 동안 침묵이 흐른 뒤였다. 비로소 답답한 마음을 가누지 못하던 영양왕이 입을 열었다.

"경들은 들으시오. 고구려를 넘보는 수 양제의 태도는 괘씸하기 이를 데 없소. 더구나 우리 고구려는 동방의 대국이오. 그들에게 침략을 당할 아무런 까닭이 없소. 그러므로 과인은 나라의 온 힘을 다하여 이를 무찌를 각오를 가졌으니, 경들은 충성을 다하여 적을 막는 일에 한 치의 잘못이 없도록 하시오!"

임금의 이 말에 대신들은 무어라 대답할 말을 찾지 못했다.

"상감마마께 아뢰옵니다."

한참 후에야 나이가 많은 대신 한 사람이 앞으로 나서며 말을 꺼냈다.

"마마의 분부는 천만 지당하온 줄 아옵니다. 하오나 지금 우리 군사들은 지난번 요서 싸움과 신라, 백제와의 잦은 싸움으로 이미 지쳐 있고, 물자 사정도 그다지 넉넉하지 못하옵니다. 그러므로······"

늙은 대신이 여기까지 말하자, 임금님이 그 말을 끊었다.

"그래서 싸움을 하면 이롭지 못하니 화친을 하자는 말이오?"

영양왕이 큰 소리로 나무랐다.

"경은 수 양제에게 수모를 받으면서 살아 가자는 말이오?"

이때 기다렸다는 듯이 을지문덕이 영양왕 앞에 나와 아뢰었다.

"상감마마, 화친은 절대로 안 되옵니다. 저 포악한 수나라 양제와 강화를 맺는다는 것은 더욱 위험천만한 일인 줄 아옵니다. 상감마마, 소신이 부족하나마 목숨을 걸고 싸우고자 합니다. 소신의 간절한 뜻을 살펴 주옵소서."

찬물을 끼얹은 듯한 조용한 분위기 속에서 을지문덕의 말은 다시 계속되었다.

"우리 고구려는 나라가 세워지고부터 오늘에 이르기까지 다른 나라의 수모를 받은 일이 없사옵니다. 이제 우리가 그 빛나는 역사에 더러운 발자국을 어찌 남길 수 있겠습니까? 양제의 노략질은 하늘도 절대 용서치 않을 것입니다. 신하는 용기와 슬기를 다해 양제를 기어코 무찌르겠사옵니다. 부디 신하의 충정을 살피옵소서."

을지문덕은 울분이 섞인 말을 끝내고 머리를 숙인 채 영양왕의 어명을 기다렸다.

고구려 사신총 벽화 〈백호 수렵도〉

영양왕은 문덕의 용맹스런 말에 가슴이 훤히 뚫리는 듯 후련해졌다.

곧 영양왕은 을지문덕을 육군의 총사령관인 정로 대장군으로 임명하였고, 자신의 아우인 건무를 수군 총사령관으로 삼아 수나라 대군을 막도록 하였다.

"두 장군의 양 어깨에 우리 고구려의 운명이 달렸소. 모든 지혜와 용기를 다하여 그들의 침입을 막으시오."

"상감마마, 황공하옵신 어명, 소신들의 목숨을 바쳐 지키겠사옵니다."

두 장군은 죽음을 각오하는 굳은 결의를 하고 각기 전쟁터로 향했다.

을지문덕과 그의 부하 군사들은 곧 국경 부근에 당도하여, 랴오허 강*의 동쪽 기슭에 진영을 설치했다.

한편, 랴오허 강의 건너편에 진영을 설치한 수나라 군사들은 마치 벌떼처럼 우글거렸고, 각 군의 옷차림과 깃발은 서로 달라 울긋불긋 요란했으며 그 기세가 하늘을 찌를 듯하였다.

그러나 며칠이 지나도록 수나라 군사들은 화살 하나 쏘지 않은 채 조용히 보내고 있었다. 또한 을지문덕이 거느린 고구려 군사들도 별다른 동정 없이 며칠을 보냈다.

랴오허 강
중국 동북 지방에서 남동쪽으로 흐르는 강. 길이 1,440킬로미터, 유역 면적 19만 2,000제곱킬로미터에 이른다. 싱안링 산맥에서 비롯되는 시랴오허 강과 장백 산맥에서 비롯되는 둥랴오허 강을 상류로 하며, 보하이 해로 흘러 들어간다.

랴오허 강 서쪽 지방의 중심지인 선양 시의 고궁 대정전

그러던 며칠 후, 수나라의 선봉장 맥철장이 이끄는 군사들은 마침내 랴오허 강에 수많은 배를 늘어 놓고 그 위에 널빤지를 깔아 다리를 놓기 시작했다.

멀리서 그들의 동정을 살피던 고구려 장수들은 빨리 그들과 싸우자고 하였으나, 을지문덕은 계속 기다리라고 하며 여전히 지켜보고만 있었다.

얼마 후 다리를 다 놓은 수나라 군사들이 다리를 건너 뭍으로 내려서려 할 즈음이었다.

"공격하라!"

"으아악!"

고구려 군사들이 사기가 충천하여 쏘아 대는 화살이 비오듯 쏟아져 강을 건너던 수나라 군사들은 나뭇잎처럼 쓰러져 갔고, 수나라의 선봉장 맥철장을 비롯한 수십 명의 장수들과 만여 명의 군사들이 랴오허 강 속으로 곤두박질쳐, 순식간에 강물은 그들이 흘린 피로 물들었다.

"뭣들 하느냐? 무슨 수를 써서라도 강을 건너 고구려군을 쳐 부수어라!"

"총공격하라! 총공격!"

수 양제는 노기 띤 얼굴로 부하 장수들에게 계속하여 다른 병사를 투입하여 거듭 강을 건너도록 명령했다.

이리하여 수나라 군사들은 전술을 바꾸어 동쪽으로 옮겨간 다음, 전보다 더 넓게 배다리를 놓기 시작했다.

이에 을지문덕은 그들과 몇 차례 더 대항하다가 미리 예정된 계획에 따라 조금씩 퇴군하였다.

왜냐하면 을지문덕은 수나라 군사들과의 전쟁을 오래 끌면 그들은 대군이라 전쟁 물자가 부족할 것이라는 판단을 하고 있었기 때문이었다.

또한, 을지문덕은 퇴군하면서도 이따금 반격을 감행하여 그들의 사기를 꺾어 놓았다.

을지문덕의 계획대로 그들의 희생자는 나날이 늘어 갔고, 군사들의 사기 또한 점차 떨어졌다.

그러나 수 양제는 전군이 랴오허 강을 건너자 다시 병력을 나누어 한쪽은 을지문덕을 추격하여 평양성 쪽으로 향했고, 나머지 군사들은 자신이 거느리는 어영군과 함께 요동성을 치도록 지시했다.

그날부터 양제가 거느리는 수나라의 대군은 요동성을 포위하고 집중적으로 공격했다.

그런데 순식간에 무너뜨릴 줄로만 알고 얕잡아본 요동성은 전혀 만만치가 않았다. 요동성은 성의 위치가 매우 험한 곳이었고, 또한 성벽이 견고하여 좀처럼 무너지지 않았다.

한편, 요동성에 주둔하던 고구려 군사들은 수나라 대군이 공격할 때는 성문을 굳게 닫고 지키기만 하였고, 그들이 잠시라도 공격을 늦추면 화살을 퍼부어 대는 등 그들을 괴롭혔다.

그러나 수나라 군사들은 더욱 안달이 나서 두 달이 넘도록 맹렬히 공격하였으나 요동성은 좀처럼 함락되지 않았다.

"이 많은 군사를 가지고 저 작은 성 하나 함락시키지 못하다니, 말이 되느냐! 이제부터는 전력을 다하여 공격하지 않는 자들은 내 손으로 목을 벨 것이다!"

그러나 그 후에도 요동성 안의 고구려 군사들은 더욱 방비에 만전을 기하여, 결국 수나라는 대군을 가지고도 요동성을 함락시키지 못했다.

한편, 요동성에서 양제가 거느린 수나라의 대군이 고전하고 있을 때, 내호아가 거느린 수군은 어느덧 대동강*을 거슬러 올라가 평양성 부근에까지 진출하였다.

그러나 기다리고 있을 줄 알았던 고구려 군사들이 하나도 보이지 않자, 그들은 이상한 생각이 들었다. 바로 그때 한떼의 고구려 수군이 몰려오다가 다시 도망쳤다.

"고구려군이 제법 용감한 줄 알았더니 완전히 겁쟁이군."

"단숨에 무찔러라!"

내호아의 공격 명령이 떨어지자 수나라 군사들은 자신들의 대군에 그들이 놀라 달아나는 줄 알고 신이 나서 쫓아갔다.

이윽고 평양성 부근의 한 마을에 이르니, 그곳에는 집집마다 사람 그림자 하나 보이지 않았고 맛있는 음식만이 가득 차려져 있었다.

학습 도움말

대동강

관서 지방을 흐르는, 우리 나라에서 다섯째 가는 큰 강. 평안 남도 북동부, 낭림 산맥 서쪽 비탈에서 시작되어 비류강·남강·재령강 등의 지류를 모으면서 황해로 흘러든다. 유역에는 순천·성천·강동 등의 분지와 넓은 평양 평야를 이룬다.

평양 시내를 가로질러 황해로 흘러드는 대동강

이에 먼 길을 오느라 잔뜩 허기진 수나라 군사들은 미친 듯이 먹고 마셔 댔다.

얼마 후, 그들은 모두 술에 취해 곯아 떨어졌고, 이 사실은 고구려 염탐꾼에 의해 곧 건무 장군에게 보고되었다.

이윽고 한밤중이 되자 건무 장군이 거느린 고구려의 결사대가 일제히 그 마을로 쳐들어가 무찌르니, 4만 명이 넘는 적군들이 거의 모두 죽음을 당하였고, 불과 2천여 명만이 겨우 살아 돌아가는 참패를 당했다.

또한 그들이 싣고 왔던 육군이 쓸 군량미도 이때 모두 물속에 잠기고 말았다.

한편, 요동성의 공격이 계속 지지 부진하고, 점점 싸움이 형편없이 기울어지기만 하자 수나라 양제는 마음이 초조하기 이를 데 없었다.

마침내, 양제는 요동성을 포기하고 우중문과 우문술에게 30만 5천의 병사를 주어 압록강을 건너 평양성으로 직접 쳐들어가도록 명령했다.

또한 양제는 영양왕이나 을지문덕을 보면, 그 즉시 사로잡도록 했다.

강서 대묘의 〈현무도〉(평남 남포, 7세기)

　그러나 수나라 군사들은 한 병사가 각기 1백일 분의 식량을 지급받아 자신의 무기와 함께 짊어진 채 행군을 해야 했기 때문에 지칠 대로 지친 상태였으며, 사기 또한 극도로 저하되어 있었다.

　그들은 며칠 동안의 고생 끝에 겨우 압록강 가까운 곳에 이르렀다.

　한편, 그곳에 미리 와서 진을 치고 있던 을지문덕은 강 건너편의 적진을 바라보며 깊은 생각에 잠겼다.

　"적의 사기는 어떠할까? 적을 치려면 먼저 적의 사정을 알아야 한다."

을지문덕은 깊은 생각에 잠긴 채 혼자 중얼거렸다.

이미 랴오허에서 수나라의 군사들과 대적하였고, 그 후에도 그들과 몇 번 싸움을 해 본 터라 적의 수효나 병기를 전혀 모르는 바는 아니었다.

그러나 을지문덕은 적장들의 도량과 담력, 장수끼리의 단결 상태, 장수와 병사들 사이의 신의, 그리고 병사들의 사기와 의욕 등 그들의 내부 사정을 좀 더 자세히 알고 싶었던 것이다.

을지문덕은 자신이 직접 배를 타고 강을 건너가 적의 동정을 염탐하기로 결심하고, 부하를 시켜 평양성에 머물고 있는 영양왕에게 그러한 뜻을 전했다.

'글쎄 성공할 수 있을까? 그러다가 잡히기라도 하면 어쩐단 말인가?'

위험한 행동이라 영양왕은 고심하다가 과감히 허락을 했다.

"좋소! 을지문덕 장군을 한번 믿어 봅시다."

이튿날, 을지문덕은 거짓 항복 문서를 품고 배를 타고 수나라 진영으로 노를 저어 갔다.

이를 본 고구려 군사들은 모두 깜짝 놀라서 숨을 죽이며 지켜

보고 있었다.

얼마 후, 배가 건너편 기슭에 다다르자 을지문덕은 배에서 내렸다.

"너희들의 장수를 만나러 왔다!"

을지문덕의 우렁찬 말에 적의 병사는 순순히 적장이 있는 곳으로 안내했다.

을지문덕은 적의 동태를 살피며 뒤를 따랐다.

수나라의 병사들은 이미 피로에 지쳐서 기진 맥진한 모습을 하고 있었다.

'마치 산송장들 같구나. 사형장의 죄수와도 같은 모습을 하고 있는 이들이 과연 무슨 싸움을 한단 말인가?'

을지문덕은 살기등등한 고구려 군사들과 자기 눈앞에 있는 병사들을 비교해 보며 힘찬 발걸음을 내디뎠다.

어느덧 병사들의 막사를 지나니 이어서 장수들의 막사가 보였다. 그런데 그 막사 앞에는 여러 가지의 고기들이 널려 있었고, 고기 굽는 냄새가 코를 찔렀다.

'아니, 이럴 수가? 뒤주에서 인심이 난다고 했는데 이게 뭐란 말인가! 군사들은 굶주려서 죽어 가고 있는데 자기들만 이렇

게 잘 지내고 있다니!'

이윽고 안내하는 병사를 따라 우중문의 막사 안으로 들어가니, 우중문은 여러 장수들과 함께 술잔을 기울이고 있었다.

의자에 거만스럽게 기대앉은 우중문은 취한 눈을 번뜩이며 물었다.

"싸움 중에 고구려 장수가 웬일이오?"

"항복하러 왔소."

"항복하러? 아니, 그게 정말이오? 갑자기 항복이라니! 이유가 뭐요?"

"이유라니요? 수나라 군사를 도대체 당해 낼 수 없기 때문이 아니겠소?"

우중문이 을지문덕이 가져온 항복 문서를 보니, 거기에는 며칠 후 왕이 직접 와서 정식으로 항복하겠다고 적혀 있었다.

"알았소. 나가서 기다리시오. 우리끼리 회의를 해야겠소."

"알겠습니다."

"자, 고구려 장수가 항복 문서를 가지고 왔는데 어떻게 하면 좋겠소? 의견을 말해 보시오."

"그 장수를 인질로 잡아 두는 것이 좋겠습니다."

"아닙니다. 일개 사신을 잡아 두는 것은 도리가 아닙니다."

그때, 을지문덕이 나서서 좌중을 둘러보며 당당하게 말했다.

"나는 수나라의 여러 장수들을 믿고 있소. 그렇기 때문에 나는 병사 하나 거느리지 않고 무기도 없이 이렇게 홀로 찾아온 게 아니겠소. 일개 사신을, 그것도 항복하러 온 사신을 가두어 둔다면, 그것은 모든 사람들의 손가락질을 받을 일이오. 그러고도 어찌 대륙을 통일한 대국이라 할 수 있겠소?"

을지문덕의 침착하고 대담한 웅변에 모여 있던 수나라의 모든 장수들은 입을 다물고 말았다.

그때, 평소부터 을지문덕을 존경하고 있던 수나라군의 위무사(군사를 위로하는 사람) 유사룡이 일어나 말했다.

"항복하러 온 적의 장수를 사로잡는 것은 큰 나라의 체통이 서지 않는 일입니다."

이렇듯 수나라 장수들이 옥신각신하는 틈을 타서 을지문덕은 재빨리 막사를 빠져 나왔다.

'용감한 장수도 현명한 사람도 없다. 군졸들은 흐리멍텅해 있고, 식량은 이미 바닥이 났다. 수효가 아무리 많다고 한들 이렇게 약해 빠진 그들을 못 물리치랴!'

을지문덕은 염탐을 통해 많은 수확을 얻은 것이다. 그는 강가에 매어 놓은 배를 다시 타고 힘차게 노*를 저었다.

　을지문덕이 강 한복판에 이르렀을 때 수나라 진영에서는 그제야 속은 것을 깨닫고, 다시 의논할 일이 있으니 어서 오라고 소리쳤다.

　그러나 그는 들은 체도 않고 더욱 빨리 노를 저었다.

　그러자 수나라의 군사들은 더욱 크게 외쳤다.

　"꼭 의논할 일이 있으니 다시 오시오."

　"헛수고하지 말고 돌아가서 전해라. 우중문은 속았지만 이 을지문덕은 속지 않으니 싸움터에서 다시 만나자고……."

학습도움말

노

　물을 헤쳐서 배를 나아가게 하는 기구. 두 손으로 잡고 젓는 패들과 노를 고정시키는 고리가 달린 오어의 두 종류가 있다. 재료로는 대부분 목재가 많이 쓰이는데 최근에는 플라스틱이나 파이버 또는 카본 파이버로 만들어진 것도 있다.

　노는 동력 배가 아닌 나룻배나 보트 등에 사용된다.

수나라 군사들은 배가 없어 뒤쫓아 오지도 못하고 활만 쏘아 댔으나, 을지문덕은 삿대를 들어 척척 막아 냈다.

"속았다! 활을 쏘아라!"

"후훗, 이 정도야……."

"장군님, 우리가 속았습니다."

"뭐라고? 결국 속고 말았구나. 내 이 고구려놈들을 가만두지 않으리라."

우중문은 노발대발하며 고래고래 고함을 질렀다.

공부방

위·진·남북조와 수의 통일

3세기 초 후한이 멸망한 뒤 6세기 말 수나라가 중국을 통일할 때까지를 위·진·남북조 시대라고 한다.

후한 멸망 후 중국은 위·촉·오의 삼국으로 나뉘었다가 3세기 말에 위 왕조의 실력자였던 사마의의 손자 사마염이 세운 진나라에 의해 통일되었다. 그러나 진나라는 왕실의 내분과 5호의 침입으로 멸망하고, 왕족인 사마예가 강남으로 내려와 건업(지금의 남경)에 도읍을 정하고 진나라를 다시 세우는데 이것이 동진이다. 이어 강남에서는 송·제·양·진의 한족 왕조가 뒤를 이었다.

화북 지방에서는 선비·흉노·갈·저·강 등의 이민족(5호)이 세운 16국이 흥망을 거듭하다가 선비족이 세운 북위가 화북 지방을 통일하였다. 이로써 중국은 화북의 이민족 왕조와 강남의 한족 왕조가 대치하는 형국의 남북조 시대가 시작되었다.

이 시기에는 북방 유목 민족을 피해 화북에서 옮겨온 사람들로 인해 강남은 인구가 급증하였고, 수전 농업이 널리 보급되어 경제가 크게 발전하였다. 화북에서 옮겨온 지배층들은 여러 왕조가 바뀌는 과정에서도 높은 관직을 독점하여 문벌 귀족이 되었다.

6세기 말 한때 화북 지역을 통일한 북주의 외척인 양견(수 문제)은 사위 정제로부터 황제 자리를 양위 받아 수나라를 세우고, 589년 차남인 양광을 시켜 남조의 마지막 왕조인 진을 멸망시킴으로써 중국을 다시 통일하였다.

수 문제는 귀족 세력을 억누르고 왕권을 강화하기 위해 과거제를 시행하는 한편 토지 제도와 세금 제도, 군사 제도를 정비하였다.

원래 태자였던 형 양용을 실각시키고 자신이 태자가 된 양광은 아버지 문제를 죽이고 제위에 올라 양제가 되었다. 양제는 강남 지방의 세금을 운반해 오기 위해 화북과 강남을 잇는 대운하를 완성하였다.

또한 남북의 통일을 추진하여 동도를 뤄양(낙양)에 조성하고 북방의 돌궐과 서방의 토욕혼을 토벌하였다. 그리고 세 차례에 걸쳐 대규모의 고구려 침략 전쟁을 일으켰으나 모두 실패하였다.

그러나 통일 왕조를 이룬 지 얼마 되지도 않아 대규모의 토목 공사와 수차례에 걸친 대외 전쟁으로 백성들의 생활은 점점 피폐해 갔다. 이에 각지에서 백성들의 불만이 폭발하여 반란이 일어났는데 이러한 혼란 속에서도 양제는 사치스러운 생활에 빠져 있었다.

고구려를 세 차례나 침략한 수 양제

617년 태원 유수 이연은 내란이 격렬해져 양제가 있던 강도가 고립되자 태원의 호족들을 끌어모아 군사를 일으켜 장안을 탈취하고 양제의 손자인 유(공제)를 옹립하였다. 그러나 618년 양제가 강도에서 신하인 우문화급에게 살해되자 이연이 공제로부터 양위를 받아 스스로 즉위, 당나라를 세움으로써 수나라는 2대 36년 만에 멸망하였다.

우중문을 조롱하다

한편, 고구려 진영에서는 살아 돌아온 을지문덕을 맞는 환호성이 산을 흔들었다.
"장군님이 돌아오셨다!"
"을지문덕 장군 만세!"
"고구려 만세!"
군사들은 을지문덕의 뛰어난 용기와 지략에 다시 한 번 감탄하였으며, 그를 도와 승전고를 울릴 날만 고대했다.

이때 고구려 군사들의 사기는 하늘이라도 꿰뚫을 정도였다.

이에 을지문덕은 새로운 작전 계획을 세우고 군사들을 모아 명령을 내렸다.

"수나라군이 공격해 오면 싸우는 체하면서 계속 평양성까지 후퇴한다. 백성들은 모두 평양성으로 피난시키고, 식량도 한 톨 남김없이 모두 운반하라."

을지문덕의 계획은 치밀했다.

한편, 수나라 진영의 우중문은 안절부절못하며 분통을 터뜨리고만 있었다.

"에이, 분하구나! 제 발로 잡아 주십사 하고 온 녀석을 코앞에서 놓치다니……."

"그게 다 체통만 생각한 유사룡 때문입니다."

"맞습니다. 장군님. 유 위무사가 보내 주자는 주장만 하지 않았어도 을지문덕을 사로잡았을 것입니다."

"이제 와서 누굴 탓하면 뭐 하겠소. 고구려놈들을 쳐부술 방법이나 의논해 봅시다."

수나라 진영에서는 다시 회의가 열렸다. 곧장 평양까지 쳐들어 갈 것이냐, 아니면 여기서 배를 기다려 중수들을 쉬게 할 것

이냐 하는 의견들이 맞서고 있었다.

고구려의 명장 을지문덕의 거짓 항서에 속아 분해하는 우중문은 강을 건너 쳐내려가자고 주장했다.

반면 좌익위 대장군 우문술은 양식이 부족하니 기다리며 양식의 보급을 받는 한편, 평양에 있는 고구려 영양왕의 항서를 받자는 것이었다.

우중문은 노기 띤 얼굴로 큰 소리로 말했다.

"몇 배 되는 군사를 이끌고노 서 피라미 새끼 같은 고구려군 하나 무찌르지 못한대서야, 무슨 낯으로 장차 황제를 뵙는단 말이오?"

우중문은 여러 장수들을 격려하더니 강을 건너 쳐들어갈 것을 명하였다.

"적을 한 놈도 남기지 말고 몰살하라."

"와아!"

수나라군은 새까맣게 강을 건너 쳐들어왔다. 고구려군은 싸우다가 지는 척하며 점점 뒤로 물러났다.

을지문덕의 계략을 모르는 수나라군은 신이 났다.

"송사리 같은 고구려놈들이 감히 어디라고 덤벼든단 말이냐?

어서 평양성을 빼앗고, 영양왕과 을지문덕을 사로잡아라!"
"저 겁쟁이들을 뒤쫓아가 쑥대밭을 만들어라."
수나라군은 기세 등등하여 후퇴하는 고구려군을 뒤쫓았다.
이에 고구려군은 가끔 싸우는 체하면서 수나라군의 양식이 될 만한 것은 모조리 평양성으로 운반해 가고, 백성들도 모두 피난시켰다.
너무나 싱거운 싸움이 계속되자, 수나라군은 조금 이상한 생각이 들기도 했다.
"이 어찌 된 일이오? 압록강에서의 항서가 진짜였던 게 아닐까요?"
"이렇게 쉽게 물러날 고구려놈들이 아닌데……."
"더구나 양식이 될 게 하나도 없으니 이상하지 않소?"
"흉년이 들었었나 보구려."
"이제 병사들의 양식이 큰 문제군."
"평양에 가면 수군이 실어 온 양식이 있을 게 아니오?"
수나라 군사들은 자기네 군량선이 고구려군에게 침몰된 사실을 전혀 모르고 있었다.
"가지고 온 식량은 이미 다 떨어졌고, 민가에도 쌀 한 톨 없습니다."

"으음, 을지문덕이 나를 우롱하다니……."

"이젠 배가 고파 도저히 전투를 할 수 없는 상황입니다."

"으음, 그래도 안 된다. 이대로 물러설 수는 없다!"

을지문덕이 노린 것이 바로 이것이었는데 그의 작전은 멋지게 들어맞았다. 그러나 우둔한 우중문은 쓰러진 병사들을 호되게 후려치며 앞으로 나가게 했다.

한편, 우중문은 굶주려 허덕이는 병사들에게 평양에 가면 대동강에 수나라 배가 군량미를 가득 싣고 기다리고 있다고 그럴듯하게 군사들을 달래기도 했다.

수나라 군사들은 지칠 대로 지친 몸을 이끌고 밤낮없이 달려야만 했다.

한편, 고구려의 군사들은 제대로 싸우지도 않고 계속 후퇴만 하는 게 너무 이상했다.

"아니, 왜 제대로 싸워 보지도 않고 자꾸 후퇴만 하지?"

"글쎄 말일세. 지금 적들은 완전히 지쳐 있어서 분명히 우리가 이길 수 있을 텐데……."

"도대체 어쩌자는 걸까?"

"그러게 말이야. 식량은 옮겨서 어쩌려는 것인지, 원……."

"무슨 계획이 있어서겠지."

후퇴를 거듭하던 고구려군은 어느덧 살수에 도착했다. 살수를 건너면 신나는 싸움이 있으리라 기대했었는데, 여전히 후퇴하라는 명령뿐이었다.

마침내 평양성에 도착한 고구려군은 성문을 굳게 닫았고 사람 그림자 하나 내보이지 않았다.

뒤쫓던 수나라군도 평양성 밖에 이르렀다. 그런데 어찌 된 영문인지 평양성은 쥐죽은 듯 조용하고, 민가에는 개미 새끼 한 마리도 얼씬거리지 않았다.

큰 싸움을 예상했던 우중문은 그제야 좀 이상한 생각이 들기 시작했다.

"음, 고구려군이 또 계략을 쓰는군. 하지만 이번에는 속지 않는다."

"염탐꾼을 보내겠습니다."

잠시 후 염탐을 하고 돌아온 병사는 이렇게 말했다.

"아무것도 보이지 않습니다."

"그래? 그것 참 이상하군."

"장군님! 우리가 직접 성 가까이 가 보면 어떻겠습니까?"

"좋소. 그렇게 합시다."

그리하여 우중문을 비롯한 여러 장수들이 말을 타고 직접 성 가까이 가 보았다.

그러나 들과 산은 조는 듯 고요했고, 대동강 물만 한가롭게 흐르고 있었다. 거기다 녹음이 짙은 산천에는 갖가지 꽃들이 만발하여 아름다운 절경을 본 장수들은 감탄을 금치 못했다.

"이게 어떻게 된 일이지?"

"혹시 수군이 우리보다 먼저 평양성을 친건 아닐 테고! 성 안으로 화살을 쏘아 보아라!"

그러나 아무 응답이 없었다.

"그것 참. 더 가까이 가 보자."

그때였다. 성루에서 한 장수가 자지러지게 웃어 댔다.

우중문이 깜짝 놀라 올려다보니 놀랍게도 그는 적장 을지문덕이 아닌가!

"하하하! 여기까지 오느라고 수고가 많았소. 무례하게 높은 데서 인사드리게 되어 미안하오."

을지문덕은 우중문을 한껏 비웃어 주었다.

새파랗게 질린 우중문은 멈칫 물러서며 태연한 척 소리쳤다.
"어서 내려와 항복하지 못하겠느냐! 하룻강아지 범 무서운 줄 모른다더니, 너야말로 겁이 없구나. 당장 항복하지 않으면 성을 부수고 쳐들어가겠다."
몇 번씩이나 속은 우중문은 이제 악만 남아 성 위에 있는 을지문덕을 향해 소리소리 질렀다.
"굶주려 송장이 된 군사들이 아무리 많으면 뭘 하겠소. 우리 용맹한 고구려 무사들의 따끔한 맛을 보고 싶거든 어서 덤벼 보시오. 자, 먼저 이 을지문덕의 시나 한 수 감상하실까?"
말을 마친 을지문덕은 즉석에서 시 한 수를 지어 화살에 매달아 쏘아 보냈다.
우중문은 먹물이 채 마르지도 않은 종이를 받아 들고서 펼쳐 보았다.

그대의 신기한 책략은 하늘의 이치를 다했고,
오묘한 계획은 땅의 이치를 다했노라.
전쟁에 이겨서 그 공이 이미 높으니,
만족함을 알고 그만두기를 바라노라.

살수로 뛰어드는 수나라 군사들을 공격하는 고구려군(민족 기록화)

참으로 놀라운 문장이었다.

용맹하고 지략 있는 을지문덕은 글재주 또한 뛰어나, 즉석에서 수나라 장수의 코를 납작하게 만들고 만 것이다.

"이런 발칙한……."

조롱을 당한 우중문도 시 한 수를 써서 을지문덕을 비웃었다.

그러자 을지문덕은 또다시 글을 써서 화살에 매달아 보냈다.

그대로 물러난다면, 며칠 후 우리 임금님을 모시고 항복하러 가겠다.

이 말이 을지문덕의 진심에서 나온 말이 아니라, 자기네들을 비웃는 말임을 왜 몰랐겠는가.

그러나 평양성까지만 오면 군량을 갖고 기다릴 줄 알았던 수군마저 보이지 않자, 수나라 군사들은 허기가 져 더 이상 싸움을 계속할 수가 없었을 뿐만 아니라, 돌아가는 일마저도 힘이 드는 딱한 처지에 있었다.

조롱을 당한 우중문은 분통이 터졌지만, 오히려 이 거짓 편지로 돌아가도 되겠다는 핑계가 생긴 셈이었다.

그것은 마치 물에 빠져 허우적거리는 사람에게 던져진 밧줄과 같은 구실이 되었을 것이며, 을지문덕도 그것을 벌써 알고 편지를 보낸 것이다.

우중문은 평양성 공략을 포기하고, 군사를 돌려 후퇴할 것을 명령했다.

그러나 고구려의 명장 을지문덕이 그들이 무사히 돌아가도록 그냥 내버려 둘 까닭이 없었다.

그는 적군이 돌아가는 길목마다, 산 속마다 고구려 군사를 숨겨 두는 작전을 빈틈없이 세워 놓았다.

그냥 슬쩍 건드리기만 해도 픽픽 쓰러질 정도로 지치다 못해 죽어 가고 있는 적의 병사들을 덮쳐 무찌르기는 아주 쉬운 일이었다.

　후퇴하던 수나라 군사들이 살수 가까이 이르렀을 때였다.

　깃발을 높이 꽂은 수많은 고구려 군사들이 함성을 지르며 달려왔고, 어느 새 수나라 군사들이 고구려 군대*가 쏘는 화살에 자꾸만 쓰러져 갔다.

　"고구려 군사다!"

　"도망갈 곳도 없는데……."

　"으, 으악!"

군대　일정한 질서를 가지고 조직된 군사 집단. 일반적으로 군대란 병력과 편제를 주로 가리킨다. 독립국은 대개 군대를 가지고 있다. 군대는 국토 방위는 물론, 국내의 치안 유지와 재해의 구원 및 복구를 위한 일도 한다. 우리나라는 1881년(고종 18년)에 처음으로 현대식 군대를 창설했다.

신미양요 때 순국한 무명 열사의 비

"으아악! 내가 여기서 죽다니······."

이에 우중문은 눈앞이 아찔했다. 그는 계속 군사들을 향해 후퇴만을 외칠 뿐이었다.

반면, 승리를 눈앞에 둔 고구려군의 사기는 최고조에 달했다. 그러자 을지문덕은 수나라 군사들을 향해 낭랑한 목소리고 외쳤다.

"속고 또 속는 미련한 우중문아! 내호아가 이끄는 너희 수군들이 어떻게 패했는지 아직도 모르느냐? 내가 있는 한 너희는 한 명도 살아 돌아갈 생각을 말아라!"

을지문덕은 무기를 버린 채 계속 도망치는 수나라 군사들을 향해 또다시 소리쳤다.

"그대들의 황제가 요동에서 승리를 기다리고 있지 않느냐? 물러서지 말고 끝까지 싸우자!"

을지문덕은 이번에는 고구려 군사들에게 외쳤다.

"이제 우리의 승리가 눈앞에 있다. 고구려 병사들이여! 우리 땅에 침략해 온 적을 모조리 무찌르자!"

수나라 군사들은 도망갈 기운도 없어서 픽픽 쓰러졌고 잠깐 사이에 그들의 시체는 넓은 들판을 메웠다.

겨우 도망친 병사들이 살수 강변에 도착했을 때는, 그들이 타고 왔던 배들도 모두 부서져 있었고 다리마저 모두 끊어져 있었다.

수나라 군사들은 또다시 눈앞이 캄캄해졌다. 그들은 할 수 없이 허리쯤 차는 강물로 뛰어들어 도망칠 수밖에 없었다.

이윽고 수나라 군사들이 강 한복판에 이르렀을 때, 갑자기 상류로부터 거센 물결이 밀려와 수나라 군사들을 한꺼번에 덮쳐 일대 아수라장이 되었다.

수나라 군사들이 살수를 건너 되돌아갈 것을 벌써부터 알고 있던 을지문덕이, 강 상류에 둑을 쌓아 강물을 막아 두었다가 갑자기 둑을 터뜨려 떼죽음을 당하게 한 것이었다.

또한, 간신히 육지에 오른 나머지 수나라 군사들도 미리 매복해 있던 고구려 군사들의 칼날에 또다시 짓밟혀 버렸다.

이 싸움에서 요동으로 살아 돌아간 군사는 우중문이 평양성에 쳐들어올 때 30만 5천 명의 대군 중에서 거의 반죽음이 되다시피한 우중문을 비롯해 겨우 2천 7백여 명에 불과했다.

요동성 부근에서 승전의 소식을 기다리던 수나라의 양제는, 처참한 몰골로 돌아와 패배를 보고하는 우중문을 보자 노기가

극에 달했다.

"에이, 이 바보 같은 놈! 장수가 전쟁에 패하고도 살아서 돌아오다니 부끄럽지도 않느냐?"

"……."

"여봐라! 짐이 직접 지휘하여 반드시 이 분풀이를 하겠노라. 모두 출전할 채비를 갖추도록 하라!"

노한 수 양제는 자신이 직접 군사를 지휘하여, 평양성을 치지 못할 바엔 요동성이라도 빼앗아 영토라도 넓히고자 생각했다.

수 양제는 남은 군사들을 계속 독려하며 맹렬히 요동성을 공격했다.

그러나 우뚝 선 요동성은 꼼짝도 하지 않았다. 도리어 고구려 군사들이 쏘아대는 화살에 맞아 쓰러지는 시체가 산을 이루고 있었다.

그러자 수 양제는 할 수 없이 남은 군사들을 이끌고 싸움을 포기한 채 돌아갔다.

그 후에도 욕심 많은 수 양제는 세 차례나 더 고구려를 침범하였으나, 그때마다 고구려의 명장 을지문덕에게 번번이 패하고 말았다.

훗날, 수나라는 양제의 지나친 호전성에 백성들의 민심마저 잃어 곳곳에서 도둑 떼가 일어나고 반란이 일어났다.

마침내 수나라는 반란군을 이끄는 이연에게 망하고, 아버지를 죽인 양제는 반란군이 준 독약을 마신 뒤 그만 세상을 떠나고 말았다.

한편, 지혜와 문장이 매우 뛰어난 고구려의 위대한 영웅 을지문덕은 살수에서 승전고를 높이 울린 후, 어떻게 되었는지 안타깝게도 알 수가 없다.

그러나 그의 뛰어난 지략으로 이룬 살수 대첩은 역사가 계속되는 한 우리 민족의 표상이 되어 거룩하게 빛날 것이다.

을지문덕의 생애

?~?

을지문덕 장군은 고구려 평양성 가까운 석다산 부근의 작은 마을에서 계루부 출신 왕족의 후손인 농부의 아들로 태어났다. 26대 영양왕 때 고구려에 대한 야심을 품고 수차례에 걸쳐 침략해 오는 수나라를 지혜와 용기로써 물리친 명장이다.

乙支文德

?
평양 석다산에서 농부의 아들로 태어났다.

598년
고구려는 영양왕 9년, 말갈의 기병 1만여 명을 이끌고 수나라의 요서 지방과 5만의 고구려 정예 군사로 린화이관을 공격하였다. 이에 수나라 문제는 수륙 30만 대군을 거느리고 랴오허 강까지 쳐들어왔으나, 고구려의 반격과 질병·풍랑 등으로 그 뜻을 이루지 못했다.

600년
영양왕은 태학 박사 이문진으로 하여금 국사책인 『유기』 100권을 간추려 『신집』 5권을 만들게 하였다.

603년
고구려는 영양왕 14년, 신라의 북한 산성을 공격하였다.

607년
영양왕 18년, 고구려가 백제의 송산성·석두성을 공격하자, 백제는 수나라에 고구려를 공격해 줄 것을 요청하였다.

608년
영양왕 19년, 고구려가 다시 신라의 북쪽 변방과 우명 산성을 공격하자 신라는 수나라에 구원을 요청하였다.

611년
수 양제가 고구려를 치기 위해 군사를 일으켰다.

612년
영양왕 23년, 수 양제가 수륙 양군 113만여 명을 이끌고 고구려에 쳐들어오자, 을지문덕은 영양왕으로부터 총사령관으로 임명받아 고구려군을 지휘하였다. 거짓 항서를 들고 수나라 진영을 살펴보고 와서 적을 평양성 근처까지 유인한 다음 후퇴하는 적을 기습하여 살수에서 섬멸하였다.

고구려인의 씨름도

113만 대군을 이끌고 고구려를 침략해 왔던 수 양제

을지문덕이 고구려에 침입한 수나라의 대군을 크게 물리친 살수 대첩(민쪽 기록화)

을지문덕 장군의 동상

고구려의 무사도

고구려 군사들의 활약상을 담은 그림

?~?
乙支文德